U0954752

2017年潮州市文艺创作重点项目

海絲古港
柘林

逸山题

张楚南　编著

暨南大學出版社
JINAN UNIVERSITY PRESS

中国·广州

图书在版编目（CIP）数据

海丝古港柘林/张楚南编著．—广州：暨南大学出版社，2017.12
ISBN 978－7－5668－2258－1

Ⅰ.①海…　Ⅱ.①张…　Ⅲ.①港口—交通运输史—饶平县　Ⅳ.①F552.9

中国版本图书馆 CIP 数据核字（2017）第 282568 号

海丝古港柘林
HAISI GUGANG ZHELIN
编著者：张楚南

出 版 人：徐义雄
策划编辑：黄圣英
责任编辑：何镇喜
责任校对：黄佳娜　雷晓琪
责任印制：汤慧君　周一丹

出版发行：暨南大学出版社（510630）
电　　话：总编室（8620）85221601
　　　　　营销部（8620）85225284　85228291　85228292（邮购）
传　　真：（8620）85221583（办公室）　85223774（营销部）
网　　址：http：//www.jnupress.com
排　　版：广州市天河星辰文化发展部照排中心
印　　刷：佛山市浩文彩色印刷有限公司
开　　本：787mm×1092mm　1/16
印　　张：11.5
彩　　插：12
字　　数：263 千
版　　次：2017 年 12 月第 1 版
印　　次：2017 年 12 月第 1 次
定　　价：49.80 元

（暨大版图书如有印装质量问题，请与出版社总编室联系调换）

柘林镇区（肖建生摄）

柘林金狮湾港区一角（肖建生摄）

海上丝绸之路主要航线示意图（《海上丝绸之路》）

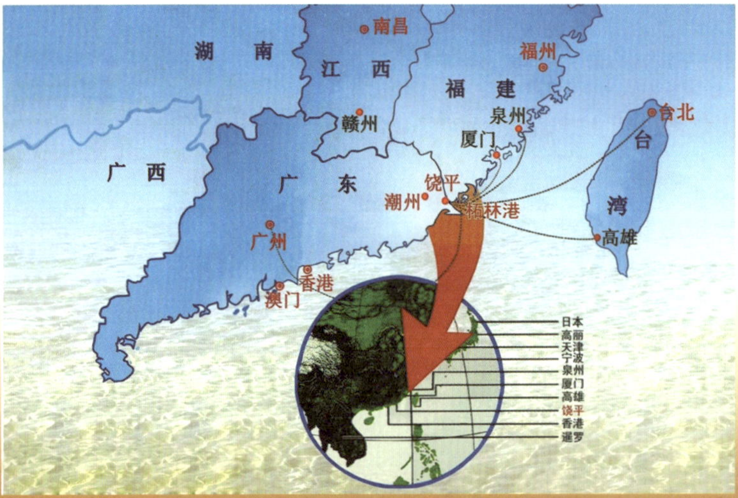

柘林港在海丝之路的区位示意图（《2014饶平投资指南》）

据地方史志记载：柘林港的对外贸易始于隋，兴于宋，盛于明清，繁盛于雍正年间（杨永明摄）

柘林湾旅游资源现状示意图（《饶平县旅游发展总体规划》）

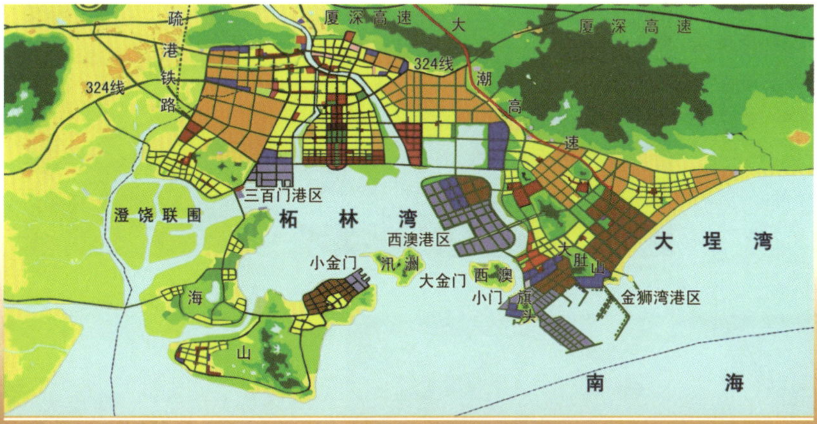

潮州港经济区 2011 — 2030 年发展规划示意图（《潮州港经济开发区》）

潮州港是华南沿海天然深水良港，国家对外开放一类口岸，对台直航港口，也是广东距台湾最近的海港。图为大唐码头（《潮州港经济开发区》）

进港公路连接厦深高速铁路和大潮、沈海高速公路，还有规划中的广东滨海公路、宁莞高速公路及疏港铁路。图为厦深高铁饶平站（张岚摄）

随着大唐电厂、华能大埕所城风能、海山岛风电场等项目建成投产，潮州港成为能源与新能源产业聚集区。图为大唐电厂（张岚摄）

随着华丰石化工业园项目建成投产，潮州港成为重要的石化基地。图为华丰石化（杨展鹏摄）

柘林渔港为国家二级渔港，闽台浙粤渔船常在此停泊，不仅是活海鲜的重要出口基地，也是台湾渔船避风、补给和小额贸易的主要基地。有顺创、创铎等泊位 7 个（肖建生摄）

柘林渔港有顺创水产有限公司、创铎水产贸易有限公司等较具规模的海产品深加工和贸易企业 5 家，产品畅销新、马、泰、菲、印尼、日等国家，国内各大中城市和台湾地区。图为顺创公司（张岚摄）

柘林湾是中国最大的海水网箱养殖基地之一（肖建生摄）

柘林湾海水养殖历史悠久，养殖种类繁多，主要有鱼类、虾类、蟹类、贝类、藻类等经济动植物（肖建生摄）

柘林造船历史悠久，是粤东、闽南等地的造船基地（张岚摄）

柘林是饶平县的渔业生产大镇，1997 年获“渔业万吨镇”称号（张岚摄）

柘林是休闲度假胜地，可体验海底温泉之绝、“海上牧场”之奇、海上运动之乐、沙滩阳光之悠、渔村美食之妙。图为海上餐馆（杨展鹏摄）

柘林物产主要有海捕和养殖的活海鲜和速冻鱼虾等。仅顺创公司产品就有速冻鱼虾等十多个品种，柘林鱼露、鱼丸等产品闻名遐迩（杨展鹏摄）

海丝古港文物：宋代番舶建的天妃宫（张岚摄）

海丝古港文物：元至正十三年（1353）在风吹岭建筑的导航石塔——镇风塔，1989年被列为省级重点文物保护单位（肖建生摄）

海丝古港文物：清雍正年间在小门海道龟屿上建筑的导航石塔——龟塔（肖建生摄）

海丝古港文物：清雍正年间在大金门海道蛇屿上建筑的导航石塔——蛇塔（肖建生摄）

海丝古港文物：南北街上明代去思碑，碑上阴刻“皇明”篆体大字，密密麻麻的小字中依稀可见“柘林”“海防”“海运”等字（杨展鹏摄）

海丝古港文物：始建于清康熙年间的汉忠义庙，内有康熙辛巳年台湾船民敬挂的“威灵显赫”匾和台湾同胞供祀的鲨鱼剑，见证着柘林港与台湾贸易和民众迁台的历史（张岚摄）

海丝古港文物：柘林的青屿、西澳岛、旗头山、凤山、风吹岭等地有明清时期摩崖石刻多处。图为风吹岭古渡口摩崖石刻（张岚摄）

序

“连天浪静长鲸息，映日帆多宝舶来。”唐代刘禹锡的诗句，令人联想起古代海上丝绸之路（简称“海丝”）舳舻往来的贸易盛况。千百年来，“海丝”精神薪火相传，推进了人类文明进步。习近平主席提出了共建“丝绸之路经济带”和“21 世纪海上丝绸之路”的倡议。党的十八届三中全会对推进“一带一路”建设提出了明确要求。中共潮州市委十三届五次全会提出，要加强城市形象塑造，叫响“海丝文化重镇、潮人精神家园”的城市口号，使之成为新时期联结海内外乡亲的精神纽带。中共饶平县委十二届五次全会提出建设“苏区大港”的奋斗目标（即建设服务赣闽粤原中央苏区振兴发展的出海大通道）。作为潮州港之核心区的柘林港又迎来了大发展的春天。

柘林港是具有深厚的“海丝”历史文化积淀的古港。它是著名的“海丝古港”泉州和广州往来航线的中段港，自隋唐以来，南来北往的商船常在此停泊，装卸货物或补充给养，柘林港也成为“海丝”的始发港之一。今尚存的宋代番舶始建的天妃宫、元代建造的镇风塔、明清显宦名士镌刻的摩崖石刻、清康熙年间建筑的守卫南澳海道的炮台、雍正年间的南北街及竖立于该街中段的明代“去思碑”、清代府县正堂题写的牌匾等遗址文物，镌刻着“海丝”烙印，不仅默默地诉说着这里悠久的历史，更佐证了柘林港曾是繁荣的“海丝”商港和维护“海丝”贸易与交通安全的重要军港之史实。

1993 年 2 月，国学大师饶宗颐先生在《柘林在海外交通史上的地位》一文中指出：“明时设柘林寨，为海上门户”，柘林是“海上往来的重要交通站”。2002 年 7 月，广东省政府参事、中山大学黄伟宗教授率领省海上丝绸之路研究开发项目专家团莅临饶平考察，确认柘林港是“海丝”粤东第一港。2006 年 8 月，省社科院邓开颂教授撰文指出：“柘林港的对外通商从隋朝开始，经唐宋元朝渐趋活跃，到明朝中期至前清的三百年间，柘林港扮演着二港四地（商港、渔港；人口出洋地、民间海贸地、海寇商人活动地、海防驻兵要地）角色，在中国海外交通史上、在粤东海外贸易史上、在潮州海防史上都占有特殊的地位，起着特殊的作用。”

在汕头未开埠之前，潮州地区的陶瓷、蔗糖、茶叶等大宗商品，大都由柘林港运抵海内外商埠。清雍正、乾隆年间，随着红头船商人建立起与我国东部沿海中心市场及东南亚市场的联系，潮州府成为潮汀赣梅经济区的贸易中心，潮州商业呈空前繁荣景象。柘林港“商贾辐辏，海船云集”，无疑对潮州地区经济的发展起到至关重要的推动作用，助力潮州府城成为当时广东省内仅次于广州的第二大商业中心，故乾隆《潮州府志》记载：“粤东城之大，除省会（广州）外，潮郡为大。”（《新会县志》也有同样的记载）

饶平的红头船商人在事业有成之后，斥资建设家乡并援助海防建设。如香港中华总商会第一位潮籍会长汤秉达（柘林人），捐资近千万元资助饶平教育事业。西澳岛、大港乡尚存清同治十年（1871）雷州府正堂张作彦题写的“永锡堂”匾，乾隆二十五（1760）年饶平知县官文雅题写的“好善足式”“功周邻里”匾，嘉庆十年（1815）饶平知县邹绍观题写的“畏垒大壤”匾等，这些牌匾都是府县正堂为褒扬红头船商事业有成、踊跃输财助边的业绩的佐证。又如高堂乡的红头船商人在家乡建祠堂72座，建筑面积一亩至四亩以上的“大落厝”73座，让人感受到红头船时代经济的繁盛。凡此种种，不但印证了柘林港对外贸易史，而且彰显了红头船商人艰苦奋斗、勇于拼搏、敢为人先、开放包容、爱国爱乡的“红头船”精神。这是宝贵的精神财富，是潮州文化的精华。积极参与“一带一路”建设，以港兴城，推进新型城镇化建设，更需要弘扬这种精神。

深入做好柘林古港“海丝”文化的挖掘、保护和研究工作，深刻揭示“海丝”精神和“红头船”精神，不仅对扩大潮州港的影响有积极的意义，而且有以史鉴今的作用，从柘林港的历史积淀中汲取营养，无疑为潮州港的进一步发展提供了历史支撑和精神源泉。

张楚南老师编著的《海丝古港柘林》一书，是潮州市文艺创作重点项目（潮宣通〔2017〕52号文）的成果。该书以“海港春秋”“诸业今昔”“海丝遗迹”“风景独好”“民俗风情”“传说趣闻”等栏目向世人展示柘林古港的风姿和“海丝”记忆，字里行间浸透着浓浓的乡愁、纯朴的故乡情感，以及对家乡厚重的历史文化积淀的珍重与自豪。全书丰富精彩的内容犹如一幅幅多姿多彩的美丽画卷，引人入胜，让人们充分领略“海丝古港”的独特魅力，并从中汲取历史经验和教训，有助于促进地方经济社会的发展。如果你是本地人，阅读本书，你会感到亲切、温馨，充分认识到自己家乡在“海丝”建设历程中的重要地位，从而增强建设“苏区大港”的信心和责任感，为实现复兴梦、发展梦而努力拼搏。如果你是外地人，阅读本书，可以领略“海丝”古港的沧桑变化及当地的风土人情，认识潮州港的历史。对于旅居海外的侨胞，也可以加深他们对家乡的荣誉感和认同感，对潮州开展与“海丝”沿线各国的经贸合作有积极的推动作用。同时，该书是一本资料与研究并重的专著，对开展“海上丝绸之路”学术研究、开展爱国主义教育、保护及利用文物等也能够发挥独特的作用。作为首部柘林港史专著，本书具有较高的史料价值。

大海总是奔腾向前，“海丝”之路在延伸，《丝路花雨》的恢宏史诗在继续传唱，让我们乘着大发展的春风，焕发出新的活力，扬起追梦的风帆，乘风破浪，勇往直前，吟唱出更灿烂动听的新篇章。

湯慕忠

二〇一七年五月二十八日于羊城

（汤慕忠，饶平柘林人，韩山师范学院原党委书记、院长、教授、硕士生导师，享受国务院特殊津贴专家）

柘林港渔舟唱晚（邓建忠摄）

目　录

海港春秋

柘林在海外交通史上的地位

饶宗颐

柘林现在是潮州市所属饶平县辖下的一个小镇，在明清历史上为海防要地，与南澳对峙，和黄冈、大埕相犄角，形势险要。明时设柘林寨，为海上门户，其地一带称为柘林澳，嘉靖丁未（廿六年，1547）郭春震《潮州府志·地理志》云：

柘林澳：暹罗诸倭及海寇常泊巨舟为患，今调拨潮碣二卫军士，更者哨守，益以募夫，以指挥一员领之。水寨：凡舟之过秋溪及樟水港者必由之。洪武初，置石城，造战舰以拒番船。今官军往来防御，以夏秋为期。（拙编《潮州志汇编》页70）

郭氏在这段纪录的后面复加上一番备倭的议论，指出领饷金募海夫不足，复益以东莞乌船子弟兵之数百，复论该地无法遏止为乱之原因有三："一曰窝藏，一曰接济，一曰通番。"所谓"通番"，"谓闽粤滨海诸郡人，驾双桅，挟私货，百十为群，往来东西洋，携诸番奇货，因而不靖肆劫掠"。(同上书)

《明史》324《暹罗传》："嘉靖元年暹罗、占城货船至广东，市舶中官牛荣纵家人私市，论死如律。"当日禁绝通番如是之严。春震是篇他书屡加以转录，足见其重要性。(如《东里志》、吴颖《顺治潮志》)

嘉靖时，番舶已经常往来，知暹罗与潮人之移殖交流，由来已久。顾祖禹《读史方舆纪要》(卷103）饶平大尖峰下云："柘林澳在其南，暹罗、日本及海寇皆泊巨舟于此。"即抄袭郭志之说。

万历二年陈天资修《东里志》云：

洪武二十六年，置水寨，兼哨柘林。洪武二十七年，置大城守御千户所。(倭）寇海边，自澄莱（莱芜）至广惠千余里，咸被其害，至是命安胜侯吴杰督率武职于沿海以总备。仍置寨建所，于是有东陇之水寨，柘林之东路，而大城所亦因以建置焉。(传抄本)

洪武初，只在柘林东路置哨，而水寨则与大城所同时设立。水寨在东陇，郭志所谓樟水港，即指澄海樟林。明泰和杨彩廷《南澳赋》云："柘林樟林，苍苍郁郁。"柘林、樟林每联称在一起。一九七二年在澄海县东里和洲村出土，远洋木船，舷板上有下列字样：

"广东省潮州府领□字双桅壹佰肆拾伍号"蔡万利商船（《南海丝绸之路文物图集》页123）

红头船有单桅和双桅，此即当日出洋的双桅渔船，为蔡万利商号所造者。柘林造船业亦盛，至今尚然。水寨去柘林约一日程，洪武三年指挥俞良辅筑城，周不及二里（见《方舆纪要》），而大城所即大城所城，为洪武二十七年百户顾实创筑，高二丈七尺，周围六百四十三丈，城之四门，各建城楼，规模宏伟，东面城垣至今保存完整，四面城门尚在。柘林东路于嘉靖时改为寨。刘抃《饶平县志》云：

嘉靖四十五年改东路为柘林寨，东路之兵，时聚时散，海寇伺其往来，以为肆掠，民无宁岁。提督吴桂芳奏募民兵一千七百一十六员，领战船大小四十五只，以指挥一员统之，建牙（衙）于天妃宫之东南，屹然一巨镇焉。

寨址位于镇东北小山岗之上，营房已废，寨墙尚存。《东里志》云：

象头山在柘林，旧有天妃宫。嘉靖初，镇守东路官，即庙树栅为营。戊戌（十七年，1538）同知刘晴川（魁）与知县翁湘湖（五伦）行部至此，有诗（不录）。

今天后宫后摩崖有玉湖书“披云洞”三大字，这是柘林寨见于志乘的记录。由设一哨进一步而设寨，经过许多地方官的倡议与经营，嘉靖壬寅（廿一年，1542）饶平知县益阳罗胤凯议云：

窃惟柘林前金门一道，上据白沙墩，下据黄芒、南洋，外跨隆、深、云、青四澳，内则延袤黄冈、海山、钱塘、樟林等处乡村，闽广货舟所经……每有番舶据海劫掠……连年官府雇募黄芒等处兵夫三百名，协同官军驾船屯聚……往往海滨骚扰，必欲以柘林兵夫易之。安知柘林兵夫，岂皆公侯心腹，不为黄芒之为乎……

嘉靖乙卯（三十四年，1555）知县应天徐梓有建海八议，略论：“沿海多设备倭官军，故于宣化（都）柘林之东北，特建大城备倭之千户所，而今则无益矣。”以其“隐处内地，去柘林十里之遥，海寇登岸劫掠，尚不知闻……而柘林地方，旧尝设一指挥以守之矣，为今之计，宜设一员于南洋……分一员柘林，以大城官军为主，而以某处募兵若干冀之”。（具详《东里志·公移文》议地方一项）

在嘉靖正式设寨以前，柘林自明初以来只有指挥一名，而兵额及战船都无明文规定。这一期间，倭寇为患频仍，海上寇盗活动加剧。兵夫所以御寇，往往摇身一变而为寇，嘉靖四十三年，柘林海兵谭允传等以缺额称乱，进犯东莞，即其一例。柘林原仅有极薄弱的设防，称乱的活动分子往往以柘林为攻取据点，故柘林遂成为海上往来的重要交通站。

潮州沿海的军事活动，在明代是寇乱最多的时期。万历十年潮州知府泰和郭子章著《潮中杂记》卷十即为《国朝平寇考》上下篇，纪载详尽。拙编《潮州志·大事志》系年纪要，存其大略。兹举其与柘林有关的事件，列出如下：

嘉靖五年（1526），柘林乡民吴大与吴三聚众驾海舟十余艘劫杀惠潮。

嘉靖二十三年（1544），李大用船近百艘合攻东路，官兵并柘林、下岱乡民竭力守御。

嘉靖三十二年（1553）八月，东莞何亚八寇东路柘林，协守指挥马骧、东路指挥张夫杰不敢迎战。

嘉靖三十三年（1554），亚八弟亚九肆掠海上，是年六月初六日攻柘林，千户夏琏死之。

嘉靖四十三年（1564），柘林海兵谭允传作乱，广东提督吴桂芳平之。

万历元年（1573），林凤初遁钱澳求抚，自澎湖九奔东番（台湾）魍港，为胡守仁所败。是年冬凤犯柘林、靖海、碣石。（《明史·凌云翼传》）。

万历二十六年（1598）四月，闽中盗引倭大艘十余，入犯柘林、碣石，惠潮副使任可容剿之。（黄佐《海上事略》）

隆庆元年（1567），李锡为福建总兵官，海寇曾一本至闽，锡出海御之，与大猷遇贼柘林澳，三战皆捷。（《明史》212《李锡传》）

以上诸役以林凤事件最为著名，事详《明史·凌云翼传》及《菲律宾史》。《潮中杂记》言："林凤拥众数千，为官兵所逐，因奔外洋，攻吕宋玳瑁港，筑城据守，且修战舰，谋胁番人，福建巡抚刘尧诲遣人谕吕宋国主集番兵击之，至是又从外洋突入广澳。云翼……与福建总兵胡守仁兵合……追至淡水洋……凤走外夷。"

林凤的名字，一般谈中国殖民史者都耳熟能详，不必深论。在嘉靖三年（1524）至万历二年（1574）这段时间，由于倭寇的肆虐，入潮阳、侵大埔，海上若干首领人物大都诱导倭寇为乱，像许朝光会倭攻海门，略黄冈、蓬州；林国显导倭寇上里（林凤即其族人）；吴平导倭陷大城所，据南澳；平党夥林道乾、曾一本，无不挟倭以自重，失败而远遁外洋。官方参与此战役经过，详《明史·俞大猷传》，及《洗海近事》一书。吴奔安南，道乾至浡泥，略其地，号曰道乾港，聚众至二千人。（《明史》323记道乾自淡水洋扬帆直抵浡泥，攘其边地营港，即北婆罗洲之汶莱。）成为开拓外洋之历史人物。自吴平、林凤辈兵事平定以后，明廷乃于万历四年，因闽巡抚刘尧诲之奏，而有南澳镇副总兵之设，柘林的军事地位遂逐渐为所取代。《明史》223《吴桂芳传》："（吴）平初据南澳，为戚继光、俞大猷所败，奔饶平凤凰山，掠民舟出海，自阳江奔安南"……平党林道乾复窥南澳，时议设参将戍守，桂芳言："澳中地险而腴，元时曾设兵戍守，戍兵即据以叛，此御盗生盗也，不如戍柘林便。"故先于柘林设寨，然只有常备兵一千七百一十六名，何以御海上狂飚之聚？故不十年而改于南澳设镇。当日请设海防的重要文件，《潮中杂记》卷五奏疏加以钞存，十分重要，固取与此有关者略加介绍，以供治海防史者参考：

1. 提督两广军务右都御史吴桂芳疏："倭寇海贼出没无常，先年议设南头、碣石、柘林三哨兵船分地防守，每哨止委指挥一员，兵无忌惮，得恣猖獗。近日柘林之变（亦指谭允传事）可为永鉴……臣等欲并即三哨之兵而稍减其数……名曰督理广州惠潮等处海防参将。"

2. 吴桂芳《请设沿海水寨疏》："……请设守备一员领兵一千二百名，住扎潮州柘林，以严东界门屏之守。"

3. 巡抚福建右佥都御史刘尧诲奏："照得海贼林凤开遁外洋，不知向往。……今欲为两省久安计，必先治南澳……今宜得一总兵，领水兵三千人，专守南澳，而兼领漳潮二府兵事。……且南澳中有石城，乃近时贼人许朝光所造，屹立雄镇。……不惟海寇驻足无地，抑且逋贼出没不便，虽从此以为久安可也。"

南澳既设镇，初置副总兵，而柘林照旧有守备一员，互为犄角之势。南澳有四澳，孤悬海外，南宋淳熙七年沈师犯南澳，杨万里自广至潮，讨平之。宋季帝昰避元兵，曾驻此地数月，今有太子楼遗址。郑和下西洋舟经南澳。黄省曾《西洋朝贡录》云："南澳又四十里至独猪之山。"独山或即刣猪澳，《东里志》："宰猪澳，一在深澳东。戚继光从此间关道破吴寨穴。"潮语宰猪的"宰"字，读为透纽。上述诸事，足见南澳虽为蕞尔小岛，久已著名于史书。柘林寨的遗物，现存有风吹岭东麓雷震关口上的石刻。其文如下：

崇祯十三年季春立

盘诘　奸细

缉获　盗贼

管柘林寨事都司曹

楷书字大如斗，令人触目惊心。盖此处为重要关隘，由海路登陆必经之途径，故设防以备不肖之徒。

风吹岭巨石林立，南澳镇总兵官员多摩崖刻石镌名其上，有第二任总兵晏继芳及梁东旭等题字："闽广达观万历丁丑（五年，1577）季夏之吉　闽粤副总兵晏继芳""水天一色　万历甲戌季冬　黔南梁东旭"。（此据《文物志》录文。按南澳陈志，"梁东旭，崇祯二年任副总兵"，与此年代不符。）又雷震关巨石碑刻着下列题记："协镇广东黄冈等处地方副总兵官吴讳启镇招抚各岛伪镇官兵人民数万在此登岸。"

两旁小字略记"……予自癸亥之岁莅任斯土，觉夫海波不扬，兵民安乐……康熙庚申岁协镇吴招抚之功所致也。是其功之上佐朝廷，下庇军民者大矣。但功大宜传，年久恐湮，爰敢勒石，以垂不朽云……立"。

庚申是康熙十九年，是时清兵平达濠，潮州底定，吴启镇是吴六奇的儿子。六奇所著《忠孝堂集》有招抚南澳杜（辉）吴（升）两镇书多篇。六奇时为饶平镇挂印总兵官。据《潮州志·职官志》，潮州镇黄冈协副将吴启镇，康熙十四年任，十七年又任，二十年继之者为沈阳许登联。（见《汇编》页1147）十九年黄冈协镇正是吴启镇。此巨碣为纪颂吴氏招抚的功绩。考湖寮出土康熙六年《吴六奇墓志铭》称："文夫子十有一，长启晋，次启丰，嗣职镇守广东饶平等处地方总兵。次启镇，邑庠生，娶甲戌进士都察院右佥都御史罗万杰公次女。"启镇妻即是罗万杰之女。碑云"各岛伪镇官兵人民，在此登岸"，可能亦包括降清的南澳前明总兵陈豹、吴升、杜辉等人，当日归顺清室的海外反动分子，都要从柘林的雷震关登岸，关外即面对汪洋大海，形势险要，万夫莫开。这一片石的记录即是柘林在海防史上的地位重要见证。可惜立石的人名不清楚，从旁款所言"癸亥之岁莅任斯土"，癸亥是康熙二十二年，如果勒石是饶平县知县，二十二年癸亥莅任者当为颍州刘抃（抃尝修《饶平县志》），尚待核实。

风吹岭上的摩崖石刻群，新印《饶平文物志》大概多有记录并附图片，可以参考。上举晏继芳的摩崖原文记“万历丁丑”即是五年；而《文物志》作“九年辛巳”，显为笔误。九年的南澳副总兵则是于嵩。于嵩于万历十一年建南澳镇城汉寿亭侯祠记，碑今尚存于深澳的碑廊。

我于本年二月三日（元宵前三日），至饶平柘林考察，由该镇穿过宋白雀寺古刹，又登元至正癸巳（十三年）的镇风塔，在风吹岭、雷震关上，凭吊石碣遗迹，低徊者久之。与柘林比邻的三百门港，位于汫洲与海山的交界，当年林凤带领徒众多人即从此三百门港上船出海。现在，三百门港正在开发为新的城市，回顾海上活动的历史故事，发思古之幽情，令人神往。

最近澳门举办“东西方文化国际学术研讨会”，向我征稿，窃念谈中外关系史者多知林凤等攻犯柘林，而柘林所在，其历史形胜，向不明了，因取柘林为题目，草成此一短文。不贤识小，聊备商榷。记起南澳万历九年任副总兵而倡修《南澳志》的于嵩有“题柘林”五律一首云：

地险壮嵬峨，行穿翠霭过。潮平两岸阔，云密万山多。剑舞吞牛斗，旗摇剪薜萝。年来经几汛，瀚海息鲸波。（《东里志·艺文》）

附缀于此，以殿吾篇。

一九九三年二月于香港

又按：浙西亦有柘林，为异地同名。《明史》302《日本传》：“（嘉靖）三十三年六月（倭）由吴江掠嘉兴，还屯柘林，纵横来往，若入无人之境。”又云：“浙西柘林、乍浦……皆为贼巢，前后至者二万余人。”证之《俞大猷传》：“贼犯金山，大猷战失利，时倭屯松江、柘林者盈二万。”此为另一柘林。

“海上丝路”石雕（杨展鹏摄于泉州）

粤东第一港

——“海丝古港”柘林

柘林港，千帆竞发，勇闯“海丝路”；

潮州港，旧缘重续，笑迎“五洲人”。

一个海港，有历史才有灵魂。丢了历史，就丢了灵魂。柘林港的物质与非物质文化遗产见证着港口的生命历程，赋予人们真切的归宿感与认同感。作为潮州港核心区的柘林港，自隋朝开始，就在海上丝绸之路扮演重要角色，成为海外交通史上的重要一环。当黄土高坡走出一队队驼铃声声的浩大商旅之时，波涛滚滚的柘林港也送走了一支支帆樯林立的船队，乘风破浪驶向台澎，驶向南洋。历史为人所造就，只有被赋予了人与物的关系后，才有了灵魂，变得生动。红头船商人年复一年地从柘林港出发，将瓷器、红糖、茶叶等潮州特产和苏杭的丝绸贩运到东南亚等地，点燃起环太平洋文化的点点炬火。种类齐备的贸易商品、频繁的海外交流、显要的海上航线地位及众多的海外侨民，使饶平乃至潮州成为“海丝”重镇，为岭东对外贸易、对内繁荣经济做出了重大贡献。屹立于柘林港海道上的龟蛇二塔和元代镇风塔见证了柘林港当年的繁盛，又目睹了今朝古港重振的雄风。

柘林港位于饶平县柘林湾东部，是由闽入粤的第一港，也是海峡西岸经济区和珠江三角洲经济区的交汇点，是广东沟通沪、浙、闽、台经济大动脉的“黄金通道”，是闽粤经济合作区的核心区之一。它能同时接受珠三角经济圈、厦漳泉城市群的辐射影响，并促进其与闽、台、赣等地的积极联动，形成资源共享、共同发展的经济格局。

柘林湾，面积约 79.3 平方公里，水域面积 68 平方公里。北靠黄冈河三角洲平原，东北倚靠高耸的大幕山、尖峰山，西北面连接黄冈河出海口和小红山、大澳山，南有南澳岛、西澳岛，西南有汛洲、海山岛拱卫，东倚柘林半岛，有旗头山、大肚山环抱，形成天然屏障。出海口有东小门、大金门和小金门，船只进出港方便，是得天独厚的深水良港。柘林的内海航运可抵达三百门港、笠港、澄海东里港，以及韩江两岸各商埠。远洋航运可抵达香港、澳门、台湾及世界各地海港。东北至厦门 89 海里、至台湾高雄 177 海里、至台中 198 海里，西南至汕头 27 海里、至香港 198 海里、至广州 299 海里，南至南澳 8 海里。

东小门港（杨展鹏摄）

柘林港是潮汕地区最早的对外通商港口，是古代“海上丝绸之路”的重要中段港。赣南、闽西南、粤东的货物在此转运，北上苏、杭、沪、津，南下安南、马来、吕宋等地，在“海丝”的发展及与海外文化交流中起着重要作用。同时，它又是维护“海丝”贸易和交通安全的重要军港。

一、汕头开埠前的柘林港

时光跨越千百年，在柘林港迎来送往的人们或已随风而逝，但他们留下的印记却随着海风渗入港城每一寸肌理，成为柘林港深厚的文化积淀。

1979 年的柘林港（林和平摄）

1993 年 2 月 3 日，国学大师饶宗颐先生莅临柘林港实地考察后，发表了《柘林在海外交通史上的地位》，明确指出："明时设柘林寨，为海上门户"，柘林是"海上往来的重要交通站"。2002 年 7 月，广东省人民政府参事、中山大学黄伟宗教授率领由著名的文史学家、地理学家、海洋学家等组成的广东省海上丝绸之路研究开发项目组到柘林调研。专家团通过对遗址和文物的考察和多学科的论证，确认柘林港是中国海上丝绸之路粤东第一港，兴起于隋唐，盛于明清，雍正年间进入繁盛时期。2016 年，省文联、南方日报社、省民协、省珠江文化研究会联合举办"广东十大海上丝绸之路文化地理坐标"评选活动，经初评，柘林港入围前 30。

（一）在粤东古港中，柘林港是史籍记载最多和历史最久远的港口

乡谚云："沉东京，存南澳"（在南澳海域的东京岛古时候沉没，而南澳岛尚存），反映了潮汕地区的沧桑巨变。今饶平县南部在秦汉时期还是苍茫大海，那时候的柘林湾海域更广阔，柘林港海水更深更蓝。据《南越志》载，南越国第五代王赵建德和丞相吕嘉起兵反汉时，就在柘林港建造"千石之船"，大型海船航行海面，停泊于此。（陈科庭《粤东著名古港——柘林港》）

渔港（邓建忠摄）

《资治通鉴》卷一百八十一《炀帝大业六年》载："（炀）帝复遣朱宽招抚流求（今台湾），流求不从。帝遣武贲郎将庐江陈棱、朝请大夫同安张镇周发东阳兵万余人，自义安（今潮州）泛海击之。"此则记载虽未提及"柘林港"，但柘林是粤东距台湾最近的港口，历史上一直是对台直航港口。史学家经过实地考察和多方考证，认为隋军就是从柘林港渡海进击流求的。《饶平县志》（1994 年版）则载："从今饶平柘林港出发。"《隋书·陈棱传》亦载陈棱："（大业）三年拜武贲郎将。后三岁（即六年）与朝请大夫张镇周发东阳兵万余人，自义安泛海击流求国，月余而至。流求人初见舡舰，以为商旅，往往诣军中贸易云云。”从此则记载也可推断彼时常有发自义安（今潮州）的商船往流求贸易。而陈棱发东阳（今浙江金华）兵，不以就近的温州或福州、泉州的港口出发，必抵义安后方击流求，或许是义安人熟谙此航道的缘故。（黄挺、杜经国《潮汕古代商贸港口研究》）

包帆船航行于柘林港（杨展鹏摄）

宋时，柘林港有番舶（旧称来华贸易的外国商船）在此停泊，沿岸有先民聚居，也是疍民的泊居地。南宋淳熙年间设立海防守备营，以防海寇犯境。元代常有寇船在此停泊，故设柘林海防东路，加以防范。（陈科庭《粤东著名古港——柘林港》）

柘林港的海外交通起始于何时，无从查考。明·陈天资《东里志·境事志》（第46页）载潮州海外贸易始自隋大业六年陈棱征流求之役，“富商得以逡巡海道，与夷人交通，夷人亦得扬航万里，与中国关市，皆自兹役起之也”。此说至少证明隋时已经存在潮州通往东洋的航路。从柘林港出发至澎湖列岛，借助季风与海流，可以往来菲律宾群岛、北婆罗洲（今印尼的加里曼丹、马来西亚的沙巴和沙捞越）。“春秋之交，南风盛发，扬帆北上，经闽省，出烽火、流江，翱翔乎宁波、上海，然后穷尽山花鸟，过黑水大洋，游奕登莱、关东、天津间，不过旬有五日耳。秋冬以后，北风劲烈，顺流南下，碣石、大鹏、香山、厓山、高雷、琼崖，三日可历遍也。外则占城、暹罗，一苇可航；葛啰吧、吕宋、琉球，如在几席；东洋日本，不难扼其吭而捣其穴也。茫茫大海，无樊篱之限。”（清雍正·蓝鼎元《潮州海防图说》）蓝氏此记载甚为清晰，一幅“远洋航运图”跃

后井港（肖建生摄）

千帆竞发春潮涌（张岚作）

乃船（木帆船）航行于栢林港（杨展鹏摄）

然纸上。《东里志》（第34页）亦载："天妃宫，一在大城东门内，一在柘林守备营后，一在深澳，宋时番舶建。"说明宋时柘林港已是对外贸易的口岸了。北宋时期，随着潮州地区经济的发展，海上交通的兴盛遂成自然趋势。宋代柘林已有对外商贸往来，但柘林作为商贸性质的港口盛于明清，尤盛于雍正年间，而成为岭东海外交通与对外贸易的重要港口。清·郑昌时《韩江闻见录》中"万里长沙，千里石塘"（今西沙和南沙群岛）条也对潮州海上航路有明确的记载："南澳之地，正南出大海无边际，未有道之者，凡船道皆西南行，上东北行。乡谚所云：'上至天津，下至马辰'是也。""马辰"指马来半岛与新加坡。由此也说明柘林港远洋交通主要有两条：一条是西南行，自柘林港取西南方向，借助东北季风，经南海诸岛（长沙石塘）再西南行，可抵马来半岛与新加坡（即马辰）；一条是东北行，经福建、江浙而直达天津。（林济《潮商史略》）宋元时期，潮州对外贸易（市舶）频繁，路线通东南亚、西亚。（《潮汕地方史·追古溯源》）以前的货船都是木帆船，有较大的风才能驶船，故远航就需要一个候风期。少则几天，多则半个月，等到约有七级大风时，才扬帆出海。当时，无气象台预报天气，航海人根据季节、云彩、潮流等现象来预测天气。而远洋帆船，须在既有大风、风力又不能太强的天气下才能出航，单靠观天象是拿不准的，故航海人凭多年积累的经验，发明了一个土办法：挂镭（铜钱）串观风力。即用一百个铜钱，以绳子穿成一长串，挂于桅杆顶，以观察风力。若顺风顺流，即刮西南风时，二昼夜可抵达台湾。若要往南洋诸国，须等到九月、十月东北风起，把铜镭串子吹起至与船桅成直角时，方可起锚登程。到达目的地后，须待明年四五月西南风强劲时，方可返航回港。

明清时期，柘林又是维护"海丝"贸易和交通安全的重要军港。戴璟《广东通志初稿》、郑若曾《筹海图编·广东事宜》、张燮《东西洋考·卷九》、顾祖禹《读史方舆纪要·海防考》、李调元《粤东笔记》、王之春《国朝柔远记·沿海形势论》等论著中，作者根据当时海防的形势和柘林的地理位置，对柘林的军事地位做出精辟的论述，如"柘林乃南澳海道咽喉门户，据三路之上游"，"是番舶自闽入粤的必经之地"，"最称重镇"，"为岭东第一关"等。历朝在此设防驻军，且因史上发生过一些重大事件，故"柘林"之名早载于史籍。如《东里志》载："洪武二十六年，置水寨，兼哨柘林。"清·刘抃的康熙《饶平县志》云："嘉靖四十五年改东路为柘林寨……提督吴桂芳奏募民兵一千七百一十六员，领战船大小四十五只，以指挥一员统之，建衙于天妃宫之东南，屹然一巨镇焉。"《东里志》又云："象头山在柘林，旧有天妃宫。嘉靖初，镇守东路官即庙树栅为营。戊戌（十七年，1538）同知刘晴川（魁）与知县翁湘湖（五伦）行部至此，有诗。"甚至明朝政书、正史与实录对"柘林"一地亦有诸多记载。如万历《大明会典》卷一百三十一《兵部·镇戍》载："东洋有柘林、碣石、南头，在西洋有白沙港、乌兔、白鸽门六处，皆立寨。增兵增船，统以将官，无事则会哨巡缉，有警则互相策应，务以击贼外洋为上功，近港次之，如信地不守，见贼不击，俱坐罪重治。"《明史》卷二十一载："饶平，潮州府东北。成化十三年十月以海阳县三饶地置，治下饶。东南滨海，海中有南澳山。有大城守御千户所，洪武二十七年置。南有黄冈、西有凤凰山二巡检司。又东南有柘林寨。”《明世宗实录》卷五三二载：“嘉靖四十三年，柘林海兵谭允传等以缺额称乱，进犯省城，广东提督吴桂芳平之。”《明史·李锡传》载：“隆庆元年，李锡为福建总兵官，海寇曾一本至闽，锡出海御之，与大猷遇贼柘林澳，三战皆捷。”《明史·凌云翼传》载：“万历元年林凤初遁钱澳求抚，自澎湖九奔东番魍港，为胡守仁所败。是年冬凤犯柘林、靖海、碣石。”

（二）柘林港是赣南、闽西南、粤东民间对外贸易的商港

在中国古代的航海和海外贸易史上，广州、泉州两港都是全国最大的商贸港口，而柘林港是位于广州与泉州往来航线的中段港，自古是海上南北交通必经之地，是海舶来往闽粤的门户，在海上丝绸之路的形成和发展中起重要作用。据史料记载，古时天津、上海、泉州通往西方和东南亚的货船，经常停泊于柘林港避风并补充生活物资，而距柘林 8 海里的南澳岛上的货物和生活物资，也大都经柘林港与大陆流通。柘林港兴起于隋唐，盛于明清，清代成为红头船的重要出发港。

柘林港又是鱼盐及农产品的集散地，是海舶贸易、交换商品的理想之地。罗胤凯（字志成，湖南益阳人，明嘉靖元年举人，十七年出任饶平县令）的《议地方》云：“柘林前金门一道，上据白沙墩，下据黄芒、南洋，外跨隆、深、云、青四澳，内则延袤黄冈、海山、钱塘、樟林等处乡村，闽广货舟所经，本地鱼盐所萃，颇有贸易之利。当风汛时月，每有番舶据海劫掠，而濒海顽民，又乘时入内港为患，岁无虚日。”“嘉靖时，番船已经常往来，知暹罗与潮人之移殖交流，由来久矣。”清康熙年间，沿革地理学家、学者顾祖禹的《读史方舆纪要》“饶平大尖峰”条亦载：“柘林澳在其南，暹罗、日本及海寇皆泊巨舟于此。”《东里志》（第 21 页）载：“后澳，在柘林西山之麓。澳面宽平，水波不兴，可容千艘，守备兵舟皆泊于此。”《潮州志·商业》载：“海运既兴，如柘林……等处皆为出洋之口，巨舶往来于海上，运载土货至广州及闽浙或远达南洋、日本，转贩外货输入。”饶宗颐《柘林在海外交通史上的地位》谓“柘林造船业亦盛”。

从明初实行“海禁”以后，饶平柘林、南澳成为私贸中心。（《潮汕地方史·追古溯源》）明初只许市舶司定点进行官方贸易，不许民间商人出海，官方贸易以接待外国商船为主。沿海地区的富户为了谋利，穷苦百姓为了谋生，只好铤而走险，从事海上贸易活动。据史载，当时饶平、南澳、澄海等地出现了以许栋（饶平人）为首的通倭走私集团，他们亦商亦盗，活动于海上，通倭船舰及日本商船往来频繁，柘林港是其主要停泊点，常有商船几百艘停泊。此时柘林港入口货物主要有大米、白砂糖、布匹等，出口货物有陶瓷、红糖、茶叶等。明万历元年（1573）冬，柘林港被林凤（饶平人）所攻占。林凤拥有战舰 300 余艘，40 000余众，曾在柘林港驻扎，与外国商船在海上互市，柘林港成了通商贸易的闹市。明代后期崛起的樟林港，其商船也以柘林为中途停泊点。

清康熙元年（1662），清廷发布“迁界令”，强令闽粤沿海居民悉徙内地五十里，以杜绝接济台湾郑成功之患。繁华的柘林港的航运商贸一时萧条。康熙二十三年（1684），清廷放宽海禁，允许闽粤载重五百石以下船舶出海捕捞或贸易，柘林港对外贸易和海洋捕捞业开始复苏。其时，因国内粮食紧缺，允许商人往暹罗贩运大米进口，海运之风又重新兴起。直到雍正二年（1724），复设潮州运同（管海运的同知），对出海船舶进行编号并设标志，福建的为青头船，潮州的为红头船。从此，柘林港海运业空前繁荣，中外商船常聚集于柘林港进行互市贸易。雍正年间，柘林港从事海上贸易的红头船有 300 ~ 400 艘，经营红头船的船主有 24 家，大商户有 300 多家，居民多达二万多人。（林济《潮商史略》）海港内“商贾辐辏，海船云集”，帆樯林立，舳舻相接。柘林港有一道“关公翻书”的胜景，所谓“关公翻书”就是指红头船在柘林“小门嘴”入港时的情形，当红头船一艘接一艘乘风张帆驶入内港时，风帆也随之一面接着一面地翻转，宛如“关公翻书”一般。每年农历三月二十三日“妈祖生”，更是热闹非凡，有一年竟有 20 多班剧团沿沙埔美—打索埕—后井港—天后宫一带同时搭台演出。其时柘林关帝庙前的打索埕就在海岸边，从西澳岛到打索埕的海上距离约 4 里，其间船舶一艘接一艘，船桅如林，西澳岛民可通过船舶步行到打索埕、后井一带看戏，俨然海上浮桥，堪称奇观。

每当三四月东南风起，满载陶瓷、蔗糖、麻布、苎布、铁锅、土纸、茶叶、烟丝、海产品、潮绣、木雕等土特产和手工业产品及诸多南洋商品的商船在柘林港聚集，出航天津、上海、苏杭、福州、泉州等地贸易；八九月西北风盛，又满载天津的杂货，苏杭的丝绸、布帛等货物，顺风而下返回柘林港，与海外商人互市贸易；更有满载来自潮州、嘉应、汀州及苏杭等地的瓷器、茶叶、丝绸、红糖、棉布、棉毯、烟丝、生柑、麻皮、蓝靛、薯粉及大量精致的工艺品等远航东南亚贸易，又从海外的暹罗、吕宋、安南等地运回了大米、木材、酒、象牙、犀角、香料、金玉器等。红头船商人往来南北，获利甚巨。红头船贸易维系着沿海地区百姓的生计，有流传于潮汕沿海的民谣云：“洋船到，猪母生，乌仔豆，带上棚；洋船沉，猪母眩，乌仔豆，生枯蝇。”就是说，红头船平安返港，这里便是一片生机勃勃；如果红头船沉入大海，这里便是一片凄惨。《历代宝案》一书记载饶平红头船商人的一次航行，云：“林任等六名系广东潮州府饶平县人，驾林福礼船只，通船共三十三人，于道光十年五月二十二日装载糖货出口，六月初二日于上海县贸易，收买棉花、米豆等物。十一月十一日开驾回籍。”

饶平流传着“有高堂富，无高堂厝”的乡谚。这是夸耀高堂乡在明清至民国初期建筑的院落既大又多。仅有一万人口的吴氏，拥有祠堂 72 座，面积一亩以上的“大落厝”54 座，二至四亩以上有裕发、顶裕顺、顶厝、树下寨、上寮寨、三合，顶海利、下海利、下裕顺等 19 座。裕发“大落厝”有大门楼 5 个、厅 17 个、房 38 间，中央大灰埕面积 1.5 亩，可容千人看戏。全座总面积 4.3 亩。据《高堂吴氏族谱》记载，先祖敢为人先，开创“特产北销，北货南运”

之先河，拥有10艘“包帆”船，将饶平的蔗糖、菜脯、过冬番薯、秋花生、九村青花瓷等特产和潮州府城的瓷器、潮烟、潮蓝等名产从柘林港运销至苏杭、上海、天津，又将这些地方的丝绸、棉布及棉花等轻工业品和农副产品运回闽粤销售，获利颇丰。尤其是蔗糖，不仅可供人们食用，而且是江南丝织业的重要原料。染丝工艺需要加入蔗糖以增强丝料着色粘力，蔗糖成为“江南染丝业所必需”，因而江南地区对蔗糖需求量极大。地方史志亦载，红头船商人的贸易项目“以糖为大宗”。饶平甘蔗种植业与榨糖业蓬勃兴起，“以牛车绞出蔗浆，炼成乌糖，商人以海船贩吴越间，获利甚溥”。“商船装（蔗糖）往嘉、松、苏州，易布及棉花。”有《竹枝词》唱道：“殷富三吴并，繁华百粤强。高牙镇南澳，大舶出东洋。囤赋输盐铁，家赀擅蔗糖。不材愁沃土，朝夕计何长。”（卢蔚猷《海阳县志》）这首《竹枝词》唱出了其时红头船商人以贩运蔗糖而致富的情形。西澳岛李氏宗祠至今还悬挂着清同治十年由雷州府正堂张作彦题写的“永锡堂”匾。《原平县志》记载：“张作彦，山西忻州原平县人，清道光十七年丁酉科举人，赏戴花翎，同治八年署雷州府正堂（五品）。”据李盛歆讲述，西澳李氏开基祖于同治年间经营洋船货运。每年冬季，北风起时，满载货物的船只从柘林港出发，至雷州或琼州，再到南洋诸岛或暹罗、安南各埠。翌年夏季，南风一起，返回雷州，再返航柘林港，收入丰厚。其先祖曾多次捐资雷州府海防建设，获得雷州府正堂张作彦的赞赏，为其祠堂题匾，以褒奖其功绩。大港乡大夫第至今仍高悬着清嘉庆十年（1805）饶平知县邹绍观（四川潼川人，嘉庆乙丑科进士，嘉庆十年至十一年任饶平知县）为杨鸣垒题写的“畏垒大壤”匾。据杨业从介绍，杨鸣垒是大港杨氏第十六世裔孙，嘉庆年间，在柘林港有8艘大包帆，贩运南北货，来往于粤闽浙鲁津，生意红火。期间，曾资助饶平海防建设，为此知县邹绍观题匾褒奖其义举。此外，大港乡还有乾隆二十五年（1760）饶平知县宫文雅（山东利津人，举人）分别为杨琦珦、杨名彰题写的“好善足式”“功周邻里”匾，褒奖他俩贩运事业有成之后，踊跃输财助边的业绩。又如柘林下汤人汤秉达，十六岁从柘林港乘红头船到香港打工，经过艰苦拼搏，后自办同福行，并与人合办华贸公司，成为香港中华总商会第一位潮籍会长，也是第四至六届全国人大代表，先后捐资近千万元资助饶平教育事业。

清嘉庆十年（1805）饶平知县邹绍观题匾（杨展鹏摄）

清乾隆二十五年（1760）饶平知县宫文雅题匾（杨展鹏摄）

清乾隆二十五年（1760）饶平知县宫文雅题匾（杨展鹏摄）

2007 年 6 月在南澳岛[①]“三点金”海域距水面 25 ~ 30 米处发现一艘保存较完好的万历年间触礁沉没的商船，这是广东继在阳江发现的宋代古沉船“南海Ⅰ号”之后的又一次水下考古重大发现，考古学家将其命名为“南海Ⅱ号”。船上已出水近 200 件瓷器，有青花“义”字大盘、喇叭口青花大碗等，其中 10 件盘心绘有牡丹、莲花、麒麟、仕女等图饰的青花瓷盘是国家三级文物。而饶平九村是青花瓷的原产地之一，在汕头未开埠之前，“九村窑”的青花瓷器经黄冈河运至柘林港，再由“大包帆”运往海内外。由此可推断，这艘商船的出发港便是柘林港。这印证了柘林港曾是海上丝绸之路的重要商港。2013 年 7 月初，下岱村民陈某在下岱埔（古时为海底）施工中意外挖掘了二百多斤铜钱，铜钱上面有“呈元宋宝”“乾隆通宝”“崇宁重宝”“绍元熙宝”等字样，闻知的村民也三五成群前来挖掘，数量未计。这批铜钱也印证此地曾是繁华的商港。

① 明万历三年始，南澳岛的深澳、隆澳属饶平县辖区，云澳、青澳属福建诏安县辖区，故有南澳副总兵官奏报朝廷，言其“每日从福建尾巡视至广东头”之说。直到 1914 年 10 月，南澳全岛属饶平县辖区。1950 年 10 月南澳县隶属潮汕专员公署。1958 年 11 月，南澳县并入饶平县，成立南澳人民公社。1959 年 11 月南澳恢复县建制至今。

明末清初九村窑青花瓷碗（张烈松摄）

下岱埔出土的古铜钱（杨展鹏摄）

（三）柘林港是清代赣南、闽西南、粤东百姓迁台最便捷的出发港

饶平人民移居台湾历史悠久。明末、清初、民国末期出现三次移民高潮。明朝后期，饶平人林凤、许栋、许朝光以台澎为基地，亦商亦盗，亦渔亦农，追随者始入台澎。明末，郑成功举兵反清，饶平人朱亚尧、黄海如率领队伍，相继入台投奔郑成功。康熙六十年（1721），清廷解除对惠州、潮州民众的移台限制，出现饶北民众移台高潮，从康熙末年至嘉庆年间，饶北几乎每个村落都有人移台。从1945年抗战胜利后至1950年1月饶平解放，这一时期移台的约1 500人。（《饶平县志（1979—2005）》第961－962页）

饶平以及粤东、赣南、闽西南百姓迁台最便捷的出发港便是柘林港，这里与台湾高雄相距仅177海里之遥，史上与台贸易往来频繁。潮地人多地少，粮食（大米）依赖于台湾，清初柘林港与台湾的商贸往来尤盛，有20多艘商船从台湾运米到柘林。当地称台湾米为“大员米”（闽南语），并用“大员米吃不够”来比喻某个人阅历浅、幼稚无知。而用“溜（渡）过乌水”（台湾海峡黑水沟）来比喻某个人经受过大风险，处事老练。经黄冈河运来的九村窑青花瓷器，从苏杭运来的丝绸、棉布，台湾商人都会购买并运回台湾。其时，潮商与台湾贸易以柘林港为中转站。两地的往来受海洋季风的影响，夏季船只多从台湾来柘林，秋季船只多从柘林往台湾。有的柘林人还与台湾人通婚并在台定居。对台湾的印象不仅留存在柘林老辈人的记忆里，柘林港也留下了台湾人活动的印记。《柘林汉忠义庙重修碑记》记载：“明清两朝，柘林屡遭倭寇侵扰，民不堪其害，清初建庙，祈求关圣帝君保佑阖乡平安。康熙八年，海禁撤除。柘林港商船往来频繁，凡进出港者，皆进庙祈福，香火十分旺盛。康熙四十年，有台湾船民林士明敬立‘威灵显赫’牌匾于庙……”光绪年间，重修汉忠义庙时，台湾王仙和敬送雕刻精美的门墙石板一副。庙中还供祀一把鲨鱼剑，见证着柘林与台湾的经贸历史和两岸人民的情谊。（详见本书《汉忠义庙》）

据两岸谱牒，查知清朝期间饶平移台民众有姓名可考者有760多人（佚名失记者更多）。台湾学者杨国鑫的《台湾客家》称：“台湾使用饶平客腔者52万人。”

陈汉元《饶平县柘林港：清代迁台的重要一站》一文列举了东里（今之柘

林、大埕、所城三镇）四姓家族迁台资料：①柘林乡内里社开基祖李宗兴七世裔孙李合吉（又名孝逢）由乡里迁居台湾台东县，今在台已传10世。②雍正五年（1727），蔗林铜架锁城内（柘林东界所城内）吴姓第八世祖妣林氏及第九世吴雨吉相继逝世，为避天灾之害，吴雨吉之妻黄氏母子移居台湾新竹竹北二堡大仑庄（今桃园县中坜市山东里），以开垦为业，今在台已传10世。③刘贻翼自闽泉移居东里鲤鱼山下神前乡，为入饶始祖。第四世刘确（妣孺人淑惠蔡氏），其子刘概为迁台始祖，后裔分布于新竹县新浦镇等地，今在台传至15世。④曾姓先祖曾丑从福建省宁化县石壁乡移居平和县，其孙曾长山于明末到饶平经商，定居蔗林东架乡（柘林东界乡，据《饶平乡民移居台湾纪略》，应是今所城镇鸿东南山村），其后裔移居台湾彰化。以上资料中，几乎都提到"蔗林"（柘林），可见柘林在迁台移民的记忆中留下了不可磨灭的印象。虽然没有直接记载他们迁台的出发港口，但是从他们的原籍看，李氏为柘林人、吴氏为所城人、刘氏为所城神前人、曾氏为所城鸿东人，而所城距柘林5公里，无论从迁台的旅费，还是空间距离考虑，从柘林港直接出海渡台都是明智的选择。

柘林港具备了运送赴台移民的条件，出现了专门从事往来台湾贸易或捕捞作业的家族，因此柘林港吸引了粤东、赣南、闽西南百姓来此乘船迁台。杨彦杰在闽粤客家地区做了大量调查后认为，清代大陆客家人迁台主要从广东，尤其是从闽粤交界的柘林港出海的。在诏安，客家人主要聚居在北部的秀篆、官陂、霞葛等地，从这里迁台的客家人也很多。然而当地人说，赴台的人都是往广东方向走的，因为没走多久就进入饶平地界了，沿途都是客家人，语言相通，而且路途也近，很少往城关（诏安县城）方向走。据嘉应学院客家研究院冷剑波在海丰、陆丰、陆河等地及陈汉元在饶平的田野调查，民间多有先步行至柘林，尔后从柘林港迁台的说法。

（四）柘林港是赣南、闽西南、粤东百姓移居海外的主要港口

明末清初厉行海禁，但是沿海无生计的农民、渔民和商人，仍不时违禁冒险逃往海外谋生。潮汕沿海有"无奈咬甜粿"的乡谚。"甜粿"是用糯米掺和一般大米磨成米浆、加入蔗糖炊制成的食品，逢年过节才能吃到。因之存放较长时间不易发霉变质，故偷渡过番者带甜粿为途中充饥之用。这句乡谚道出过番人的辛酸。康熙二十三年（1684），清廷解除海禁，允许商民下海出洋捕鱼和贸易，移居海外的饶平人日渐增加，柘林港成为赣南、闽西南、粤东人民移居海外的主要港口之一。道光二十三年（1843），柘林李武豪等十多人结伙从柘林港乘船往暹罗。同治三年（1864），钱东紫云村黄天年等一行30人也从柘林港乘船往暹罗。期间，还有浮山军埔柯长盈等两百多人从柘林港乘船移居安南。清末饶平移民海外人数无可稽考。但据《泰国潮州会馆成立四十五周年特刊》称，从1782年至1868年的86年中，潮州一带旅泰华侨人数达151万多人，其中饶平人占有相当数量。鸦片战争之后，西方殖民者急于从中国掠夺劳动力并运载到古巴、南美垦殖。那时候，洋船常驶入柘林港，运载"猪仔"（劳工）出国做苦工，柘林港成

为移民出国的口岸。咸丰二年（1852），英国炮艇窜入柘林港，掠夺正在海边耕种的农民。光绪三十三年（1907），丁未黄冈起义失败后，起义者400多人从柘林港乘船逃往新加坡、泰国、越南等地避难。《饶平县志（1979—2005）》（第960页）记载，据2005年不完全统计，饶平县有海外华侨华人25万多人，其中泰国约12万人，越南3万人，新加坡1.5万人，马来西亚1.2万人，印尼3万人，美国2万人，加拿大、法国、日本各0.5万人，澳大利亚、英国、瑞士、瑞典、德国、丹麦等约0.1万人，西欧、南美、非洲的部分国家1万多人。饶平全县有归侨、侨眷近3万户，10万多人。众多的海外华人，为饶平乃至潮州开展与“海丝”沿线各国的城市之间、华人团体之间的点对点交流和全方位经贸合作搭起了桥梁。

（五）柘林的人口构成具有海丝古港的特点

柘林的先民来自五湖四海，有“百家姓”古港之称。昔年有民谣云：“登（丁）柘（石）林坞（邬），经（荆）里（李）程路。玩（颜）红（洪）砖（庄）炉（卢），沐（莫）汤池隅（伍）。牛犁（黎）田土（涂），马翻（方）肠（唐）肚（杜）。郑重（仲）催（崔）播（傅），水陆相（商）顾。游白玉湖（胡），收（修）黄金租（邹）。”这首歌谣囊括柘林40多个姓氏，还有一些未曾编入。至于哪个姓氏最先定居柘林，因谱籍失传，难以考证。

据地方史志记载，南宋末年，中原及浙闽官民随宋端宗赵昰避元兵南逃，宋军驻扎于红螺山及柘林一带，宋亡后部分官民为避元朝廷追杀，在柘林隐居创业。明清时期柘林港是粤东重要商港、渔港，也是海防重地。明洪武二十六年（1393），置水寨，兼哨柘林。嘉靖四十五年（1566），设柘林寨，置水陆军兵1 716员。因长年驻扎，许多退伍官兵及眷属也就此定居。清初开放海禁后，南来北往的商人、手工业者和渔民聚集于此，雍正年间有居民2万多人。柘林现有宗祠19座，这些祠堂记载着各个家族的迁播历史。例如：

汤氏族人今有4 000多人，原多务农，今多数从事工、商、渔等业。其源自福建省云霄县岁屿汤氏，先祖分别是岁屿汤氏三世梅稳公及四世浩仁公、浩德公兄弟俩。梅稳公于明洪武年间（1368—1398）迁居柘林寨上汤村南畔开基，其后裔现有102户，600多人。浩仁公、浩德公兄弟俩也于洪武年间迁居柘林，浩仁公在上汤村北畔开基，其后裔现有29户，170多人。浩德公在霞塘村开基，其后裔现有500多户，3 000多人。

“内里始祖李宗兴原籍浙江钱塘，客居南京珍珠巷，御赐探花。宋末辞妻带三个儿子护宋端宗赵昰南下入饶，宋亡后避居内里。”（《东里大观》第89页）

汤氏家庙绥成堂（张岚摄）

汤氏有绥成堂、思成堂、奉先堂、顾将堂、迪光堂和霞塘三房祠（堂号未详）六座祠堂。上图为始建于明永乐、成化年间的汤氏家庙绥成堂，建筑面积264.74平方米

李氏大宗祠序伦堂（张岚摄）

李氏有序伦堂、永锡堂、永思堂、永言堂四座祠堂。上图为始建于清嘉庆年间的李氏大宗祠序伦堂，建筑面积353平方米

清同治十年（1871）雷州府正堂张作彦为西澳李氏宗祠题匾（张岚摄）

郑氏族人今有3 000多人，多数从事工、商、渔等业，外地人口4 000多人。源自莆田衍派，明末清初先后有郑清之（莆田人，祖籍河南，南宋丞相）、郑隐翁（其祖父郑侨，南宋乾道五年状元，官吏部尚书、观文殿学士）后裔来柘林开基。明成化（1465—1487）、弘治年间（1488—1505），郑清之派下七世孙郑璋斐偕子徙居潮州，八世裔孙（佚名）镇守柘林海防，营造一座“三进宅院”，其子孙世代在此聚居，称“三落郑”（即上郑）；又有入饶始祖郑隐翁十世裔孙郑雅川在柘中村开基创业（即下郑）。

据《东里志》卷四（第113页）载，宋景炎年间“梅州尉陈亚先（一说陈亚光），赐进士出身，亚先下岱居焉，为该乡始祖”。又据下岱“永思堂”碑文可知，五世祖肇基公生五子：旸、吴志、圯坤、使、绰然。旸公迁居海陆丰，吴志公迁居海山创陈厝村，圯坤、使、绰然三公居下岱。至今繁衍32世，人口1 400多人。又据传，下岱尾乡陈氏系“开漳圣王”陈元光之后裔，明崇祯年间从福建云霄迁居柘林，在望夫山东麓创建上寮村，后为方便出海捕捞，徙至烟楼山东南侧海滨创乡，即“下岱尾乡”。现人口400多人。

“光裕堂”张氏乃唐开漳太尉、威武协应辅国上将军张伯纪后裔，于宋末自漳州独树徙居文昌祠（地名），本地人口500多人，海陆丰等地人口逾千人。与霞绕、上东张氏同祖同源。红塔脚张氏系霞绕大三房长房“七长”乐波祖派下梓杰公（志辈）移居柘林开基，现有人口55人。山埔美张氏系霞绕大三房长房“七长”乐波祖派下乐溪公移居柘林开基，现有人口37人。

据《柘林吴氏宗祠重修记》，柘林吴氏开基祖为福建梅岭吴尚赞之第四子吴龙江之14世裔孙吴焕章（龙湾村郡马派衍）。清乾隆年间，吴焕章来柘林经商，认为这里是商埠之地，有利于子孙发展，遂携带家眷移居于柘林石角头社并业海经商，家业日臻富裕。

庄氏源于甘肃天水，乃楚庄王之后裔，广州刺史森公裔孙，派衍自泉州府庄府巷。清康熙年间诚正公携家眷入饶定居柘林，今已传18世，本地人口约600人，还分派至海陆丰、中国台湾及新加坡等地，外地人口约300多人。

新街社的居民有罗、颜、刘、王、郑、张、曾、游、吕、卢、蔡、周、许、翁、陈、黄、郭、庄、吴、杨等20多个姓氏。

柘林的冯、黎、黄三姓疍民系清末从宝安、顺德、番禺等地漂移来饶平沿海捕鱼的，他（她）们以柘林为泊居点。1964年饶平县政府和柘林公社资助其建房并划给他们土地，帮助他们上陆定居。

郑氏宗祠敦本堂（张岚摄）

郑氏有敦本堂、叙彝堂两座祠堂。上图为始建于清嘉庆十七年（1812）的郑氏宗祠敦本堂，建筑面积230平方米

陈氏宗祠永思堂（张岚摄）

下岱陈氏有永思堂、光远堂和中乡祠（堂号未详）三座祠堂。上图为始建于明洪武三十年（1397）的陈氏宗祠（永思堂），建筑面积约200平方米

吴氏宗祠永思堂（张岚摄）

清嘉庆十五年（1810）吴氏始建学堂，咸丰十年（1860）吴氏购置学堂周围土地拓建为宗祠，建筑面积226平方米

张氏宗祠光裕堂（张岚摄）

上图为张氏宗祠光裕堂，始建于明嘉靖年间，清咸丰五年（1855）孟春重建，建筑面积480平方米，系三厅夹二庭三进式祠堂

明嘉靖年间南京道监察御史张存诚为张氏宗祠题匾（张岚摄）

庄氏祖祠衍庆堂（张岚摄）

肇建于康熙末年，民国廿七年（1938）被日军飞机炸毁，2012年（壬辰年）重建，建筑面积250平方米

（六）柘林港是“海丝”文物丰富的港口

柘林港的“海丝”遗迹文物有以下几个方面：

1. 古港导航石塔

古港导航石塔今仍完好。柘林港小门水道有建于雍正年间的石塔一座，宛若巨大的海龟驮着宝塔，昂首浮游于滚滚波涛之中。而在大金门水道则有一列蛇形的礁石，犹如头顶着宝塔的巨蟒在蓝天碧海间游行。航海人称龟塔为“归塔”，见塔如见家，显然龟蛇二塔为航标塔。在古镇南北街与象头溪交叉处石板桥北侧有一座清代后期建造的阁台式锁水塔，为引人注目，塔身饰红色，且该塔刚好处于风吹岭的镇风塔和大金门海道蛇屿上的石塔的中点，三塔又连成一条直线，显然具有示航运的功能。在风吹岭的南麓有建于元至正十三年（1353）二月的镇风塔，高 22 米（即六丈六尺，取“六六大顺”之意），基围 16 米，为柘林港标志性建筑。航海人在海上可远眺石塔的雄姿，见塔如见港。相传这些航标塔都是外国商船以及红头航商人、鱼行、商行和当地居民捐资建造的。此外，青屿上还建有灯塔一座。这些导航塔见证了柘林港的海上贸易史。

2. 南北街

尚存的清雍正年间的“南北街”古韵犹在。该街东西走向，因经营南北货，俗称“南北街”。街长 700 多米，沿街两侧是二层骑楼，雍正年间有商户 300 多家，这些店铺各营其业，有客栈、饭馆、货栈、娱乐场所等。还有打铁、打银、染织、食品加工、木器等作坊。古街从早到晚人来人往，叫卖声、要货声此起彼伏。街之中段十字路口处（地名：石牌脚，相传明代这里是旷埕）尚竖立着一块大石碑（宽 1 米多，高 2.82 米，厚 0.2 米；基座宽 1.4 米，高 0.52 米），碑之四周镌有花纹，其上方阴刻“皇明”篆体大字，“皇明”是明朝人对本朝的尊称，可见是一方明代碑刻。碑上密密麻麻刻满小字，因年代久远，碑文字迹斑驳难辨，但依稀可见“潮州别驾俞□去思碑”“柘林”“海防”“海运”“广东按察司副使王容清”等字样。别驾，全称为别驾从事史，为州刺史的佐官。因其地位较高，出巡时不与刺史同车，别乘一车，故名。明清时以别驾为通判的别称。如今，漫步于老街，古色古香的货栈、店铺依稀可辨，一楹一柱、一砖一瓦却因风雨冲洗而褪去旧颜色，难掩沧桑。

3. 摩崖石刻群

以古渡口为代表的摩崖石刻群留下了明清时期显宦名士、骚人墨客的题咏，默默述说着柘林港曾经的辉煌。这些摩崖石刻散布在海道上的青屿岛（有万历三年乙亥潮州同知朱应铭题刻“海阔天空”，每字 70 厘米 ×60 厘米，正楷阴刻）、西澳山（关于划分海界的官府告示石刻）、旗头山（详见本书《旗头山》）、凤山（详见本书《天后宫》）、风吹岭等处。其中雷震关（俗称古渡口）摩崖石刻最著名。其中有明万历丁丑季夏南澳镇第二任副总兵晏继芳题刻的“闽广达观”；万历丙申楚雍吴世重、成都庄诚镌刻的“海阔天空”；崇祯己巳季冬黔南梁东旭题刻的“水天一色”；崇祯庚午季春长白张昌祚镌刻的“闽粤一览”大字。此外还有崇祯十三年季春柘林寨事都司曹立”的“盘诘奸细”“缉获盗贼”等摩崖石刻，诸家书法遒劲秀拔，各具一格，在书法艺术研究上有一定价值。明代雷震关之关口尚存闭关栅孔。尤其是古渡口巨岩上的题刻——“康熙庚申岁，协镇广东黄冈副总兵官吴讳启镇招抚各岛伪镇官兵人民数万在此登岸”，则印证此处曾是通往古镇的渡口和重要关隘。（详见本书《雷震关与蝴蝶亭》）

4. 祠庙

以“天后宫”为代表的祠庙，充满“海味”“商味”“潮味”“侨味”。据《东里志》，柘林“天妃宫在守备营后，宋时番舶建”。这是宋代外国来华船队在此留下踪迹的见证。明嘉靖十七年（1538），潮州同知刘晴川与饶平知县翁湘湖行部至此，赋《登象头山》诗一首。宫前旷埕凌空而立的石牌坊之石门柱上镌刻着楹联，前以“波澜滟映”，背以“天妃照临”为冠首，用楷、草、隶、行四种字体，各具一格。每年农历三月廿三日的妈祖诞辰日和九月初九的妈祖升天日，香客聚集天后宫。庙内香烟缭绕，宛若天上神宫。殿外的古戏台连演潮剧三天三夜，热闹非凡。林默，这位渔女出身的“天后”，她被闯荡海洋、开拓商贸世界的红头船商人视为保护神。柘林港的航海人正是从妈祖崇拜中汲取妈祖勇敢无畏的精神以获得自信与安慰，有妈祖的福庇，增添了他们战胜海上风浪的信心与勇气。（详见本书《天后宫》）这充分证明了柘林港与闽台地缘相近、血缘相亲、文缘相承、法缘相循、商缘相连的历史渊源。

如果说妈祖崇拜展现了红头船商人冒险拼搏的精神，关帝崇拜则显示出海港民众的儒家文化心理。在港民的心里，关帝不仅是武神、财神，也是商业道德的化身。民众对作为“礼义忠信”的化身的关帝的崇拜，显示了儒家文化已经浸入海港人民的精神世界深处，从而支持商贸行为的正常运转与延续发展。始建于清康熙年间的汉忠义庙的“关公竹”是柘林港海上贸易的历史见证，庙中悬挂的台湾船民林士明立的“威灵显赫”牌匾和供祀台湾同胞刘汉松安置在庙里的“鲨鱼剑”则见证了柘林与台湾的贸易往来的历史和两岸同胞的情谊。（详见本书《汉忠义庙》）

白雀寺亦见证了柘林之海运史。明万历年间，该寺住持如连和尚在柘林港乘往宁波贩运的红头船赴天童寺参学，带去九村窑的青花瓷赠予天童寺，带回了天童寺主僧德祥和尚绘画的十八罗汉图。该寺又因书法家蒋厚传题山门匾额及清代广东名士宋湘为之题联而名扬海内外。（详见本书《白雀寺》）

关氏大宗祠位于南北街中段的新街口，与“汉忠义庙”相邻，并排而立。这是20个姓氏共建的一座祠堂，因崇尚关羽，易姓为关氏，且确立了“恪遵精诚团结，和睦共处，互助合作，共同发展”的道德行为规范。这难道不是“和平合作、开放包容、互学互鉴、互利共赢”的“海丝”精神的体现吗？（详见本书《关氏大宗祠》）

西澳李氏宗祠为三厅夹两庭的三进式祠堂，建筑面积近500平方米，旷埕面积250多平方米。祠宇气派豪华，富丽堂皇。有石柱26根、石雕24幅、石鼓1对、石匾额4方、碑刻2方，还有嵌瓷、木雕、瓷板画、灰塑画、漆板金字楹联等。正厅高悬着雷州府正堂张作彦题写的堂匾。该祠既彰显了红头船商人敢为人先、勇闯“海丝”的辉煌业绩，又体现了爱国爱乡的崇高情怀。

此外，柘林还有基督教、天主教的教堂，据说风吹岭上还有阿拉伯人的坟墓。《东里大观》载：“道光十八年（1838）英国鸦片船泊柘林港兜售鸦片。次年，林则徐、邓廷桢责成英领事义律召回鸦片船，并收缴船上鸦片。”这些遗址和记载留下了外国人在古港活动的证据。柘林港在对外经济文化交流中练就了多元文化融合的海丝古港气质。

5. 船模

以“红头船”为代表的系列船模，展现了昔年造船业的发达和古港的繁荣景象。明清时期“柘林造船业亦盛”（饶宗颐语），造船工人林和平、赖世熙、张国森等人施展技艺，将古港出现过的船舶制作成船模，有的是根据原船尺寸按比例缩小，即使极细微的部件也极逼真，它们诉说着“海丝古港”的故事，让昔年流淌不息的记忆，变成一座敞开的博物馆、一部耐人寻味的史册。（详见本书《造船业》）

6. 军事遗址

以“旗头山炮台”为代表的军事遗址，展示了柘林港在“海丝”中的军事地位。柘林是明清时期饶平县五大军事要地之一。《饶平县志》载：“康熙五十六年，兵部准广东沿海设炮台，每年正月初九日委就近文职会同旗头山、虎屿（在旗头山北面龙湾乡海滨）等处炮台军营官弁演习，每炮演发10余发。”旗头山、虎屿两炮台与南澳岛猎屿炮台形成钳势，扼控泉州和广州来往商船的必经之地——南澳海道之咽喉，从而保障了南来北往的商船安全通航。仅旗头山炮台就设置火炮8门，驻兵62名。此外，还有天后宫前的守备营、尖山汛地（兵营）、东兴围汛地、马头山汛地、铳城、寨山寮、大肚山望墩烟楼、鸡髻山烟墩、旗头山望墩等军事设施，驻扎水师1 000多名。柘林港成为当之无愧的“海丝”军港。（详见本书《旗头山》）

综上所述，柘林港是“岭东第一关”，是由闽入粤的“第一港”。它兴起于隋唐，盛于明清，雍正年间进入繁盛时期，是古代海上丝绸之路的重要中段港，是潮汕历史上最早对外通商贸易和移民海外的深水港口之一，在“海丝”发展历程以及与海外文化交流中起着重要作用。一直以来，“未有汕头埠，先有柘林港”的乡谚广为流传。柘林港的商贸活动，在一定程度上促进了潮州商品经济的发达，改变了其农业经济的成分，也活跃了与其他地区的文化交流，在推进潮州经济发展中起着相当重要的作用，使潮州从“涨海连天，毒雾瘴氛，日夕发作”（唐·韩愈《潮州刺史谢上表》）的海隅穷州，变成“而今风物冠南方”（宋·杨万里《揭阳道中》）的地方。

咸丰八年（1858）六月，清政府与俄、美、英签订了《天津条约》，同意在潮州等城市设立通商口岸。咸丰九年（1859）十一月清政府同意潮州对美先行开市。同年农历十二月九日（1860年1月1日），潮州对美如期开市，潮州海关设于汕头。（《潮汕百科全书》第7页）自1860年汕头开埠后，柘林港遂告式微。

云涌柘林港（张岚摄）

二、中华人民共和国成立后的柘林港

中华人民共和国成立后的柘林港大体可分为“二级渔港建设”和“苏区大港建设”两个发展时期。

（一）二级渔港建设时期（1950—1996）

二十世纪五六十年代，因柘林港地处对台海防前线，国家将其定位为“渔港”，发展缓慢。1950 年，柘林港只有货运船舶 14 艘及大港乡运输船 3 艘，合计载重 130 吨。主要运出本地水产品、原盐、鱼露、风炉、木器等，运进粮油、日杂、山货等生活物资。1952 年 2 月，地方国营饶平县鱼露厂落户柘林，港口货运量有所增加。1953 年 7 月，县鱼露厂建造了一艘内河客货轮“潮林”号，载重 11 吨，载客 18 位，以及木驳船两艘，航行于潮州、汕头等地。二十世纪七十年代又造了“饶红”拖轮一艘，港口货运吞吐量年达 2.5 万吨。

1966 年 12 月围垦“柘林围”之前，原港区横亘于镇区前面，自东至西有下岱港、新塘港、内里港仔头、文昌祠港、后井港、后澳、铳城港等处。有装卸码头两处，一处在新桥（鱼露厂旁），一处在大涵嘴（木船队前）。水深 2 米多，大船不能直接靠岸，需泊于港内海中，利用小船驳运。1973 年 1 月，“柘林围”围垦工程竣工。除后井港外，其他港门被围垦于“柘林围”内，不能通航了。于是在后井港加筑了防风堤，但仍不适应渔船停泊和进出港之需。

1979 年择柘林围外面的“小门”东侧开辟新港区，同年 12 月动工建设，1980 年底竣工，总投资 124 万元，建设渔港防浪堤、装卸码头，配套供水、供油、船排、冷冻厂等设施。新港岸线长 5 430 米，堤岸长 3 240 米，港内平潮时水深 5 ~ 14 米，面积 65 万平方米，可停泊 50 ~ 100 吨位渔船三四百艘。

1981 年 4 月，广东省政府口岸办批准柘林港设立海产品出口起运点。当地开展活海鲜补偿贸易，从香港引进活海鲜运输轮（250 匹马力）一艘，载重 60 吨，每月 4 个航次。1985 年省政府批准三百门港为对台贸易港口。当年三四月，县组织外商利用台湾轮船从台湾运进工业产品，从本港运出中药材和海鲜产品。

1986 年 4 月，饶平县公布《饶平县柘林渔港港章（试行）》，使渔港管理有章可循。同年 8 月，柘林渔港被批准为国家公共渔港。同时，为加快渔业经济的发展，开展渔港整治，于 1987 年对影响渔港建设的流沙进行探测，并进行拦沙堤设计，次年 8 月全面动工建设，共投资 232.6 万元，建设防沙堤 723 米，造地 1 万平方米。

柘林渔港（张岚摄）

1989 年 7 月，港区兴建“台胞接待站”。1989—1999 年共接待台胞 1.85 万人次。1990 年 6 月，国家农业部批准柘林渔港名称，并定为二级群众渔港。1995 年，柘林港又进行改建扩建，配套供电、供水、通信、交通、冷冻、仓储、维修等设施，港口设施日臻完善。此外，还设置有百货商店、饮食店、粮所、医疗站、台风警报站、搬运站、招待所和船机修配厂等服务行业和边防派出所。每年暑海期间，闽台浙粤渔船在此集散频繁。这里又是活海鲜的重要出口基地，常年停靠着港澳台和东南沿海等地的渔船、商船，又是台湾渔船避风、补给和小额贸易的主要基地之一。柘林渔港码头现有 7 个 500 吨位的泊位，年吞吐量 20 多万吨。港区有饶平县顺创水产有限公司、县创铎水产贸易有限公司等较具规模的海产品深加工和贸易公司 5 家。由黄振贵、黄振波兄弟兴办的顺创水产有限公司是一家具有自营进出口权的海产品深加工龙头企业，日速冻能力 100 吨，冷藏库容量 5 000 吨，年生产能力达 1 万吨。有“顺创年年有”品牌产品即食达仔鱼系列，速冻沙丁鱼、巴浪鱼、青鱼、带鱼等海捕鱼类，还有速冻虾、章鱼、鱿鱼系列等 10 多个品种，产品远销新加坡、马来西亚、泰国、菲律宾、印度尼西亚、日本等国，畅销国内 20 多个大中城市。2016 年出口创汇 3 100 多万美元，纳税 980 多万元人民币。顺创公司在稳健发展的同时，积极增资扩产，新办广东创发水产食品有限公司，建成投产后，日加工速冻能力可达 150 吨，冷藏库容量达 3

万吨，年生产能力可达4万吨。海产品深加工业的发展，不仅为国家创税创汇，而且有力地促进本县渔业生产的发展，并吸引了粤东、福建、浙江、台湾渔船来港贸易，繁荣渔港经济，也为解决当地群众就业、支持地方经济发展等做出了积极贡献。

顺创水产有限公司（肖建生摄）

创铎水产贸易有限公司（肖建生摄）

（二）苏区大港建设时期（1997 年至今）

1997 年开始，柘林港成为潮州港的重要组成部分。

《潮州港经济区总体规划（2011—2030）》将潮州港分为三百门、西澳、金狮湾 3 个港区。地处柘林的西澳、金狮湾 2 个港区属深水港区，因此柘林港是潮州港的核心区。2015 年 1 月，中共饶平县委十二届五次全会提出建设“苏区大港”的奋斗目标（即建设服务赣闽粤原中央苏区振兴发展的出海大通道），柘林港进入新的发展时期。

三百门港位于柘林湾西南部，1975 年 12 月始建，第一期工程于 1977 年完成，第二期工程从 1978 年开始，1985 年竣工。先后建成 1 000 吨级和 3 000 吨级码头各 1 座，以及一批仓库、堆货场、客运候船室、办公楼和水、电、通信等综合配套设施。1981 年 4 月，省政府批准三百门港为进出口货物装卸港。1987 年 6 月，在柘林湾大金门建设 2 个 1.6 万吨级单浮筒式减载锚地泊位。三百门港成为汕头港的第三作业区，开始进入外轮过驳和装卸作业的历史。1989 年 8 月，国务院批准设立三百门海关等查验机构，宣布三百门港为开放口岸。1992 年，潮州市升格扩大区域，为适应管理工作之需，国家交通部将三百门港移交潮州市管辖。1993 年 1 月，三百门港海关等查验机构挂牌办公。1994 年 11 月，国务院批准同意将原汕头港三百门港区更名为潮州港，列为国家独立对外开放口岸。

潮州港地处饶平县柘林湾，是高雄、香港/深圳、厦门三大港口构成的“海上金三角”的中心，区位优势明显。它是一个较完整的海湾型港口，具有风平、浪静、水深、多屏障、多通道、淤积少、腹地广阔、花岗岩岸线长等国际深水大港的优越条件，是华南沿海天然深水良港，素有“粤东黄金海岸”之称，是国家对外开放一类口岸和对台直航港口之一，也是广东距离台湾最近的海港。目前港口供水、供电、通信、仓储及排污等设施配套齐备，开发潜力和发展空间大。陆地交通十分方便，进港大道连接国道 324 线、沈海、大潮高速公路和厦深高速铁路，以及规划中的广东滨海公路、宁莞高速公路、疏港铁路。港区距离厦门机场约 90 公里，距潮汕机场 50 公里。潮州港现有码头 8 座、泊位 13 个。其中，10 万吨级通用码头 1 座、泊位 2 个；5 万吨级（水工 7 万吨级）煤码头 1 座、泊位 1 个；5 万吨级油气专用码头 1 座、泊位 1 个；0.5 万吨级集装箱专用码头 1 座、泊位 1 个；0.1 万吨～0.5 万吨级件杂货、粮食、油气、滚装货运码头 4 座、泊位 8 个。有 20 多个国家和地区的船舶在潮州港装卸货物。

《潮州港总体规划》规划利用岸线 41 公里。可建码头泊位岸线 39 公里，可供建设 3 000～50 000 吨的泊位 46～48 个，其中 3 万吨以上泊位 36～38 个。规划建设三百门、西澳、金狮湾 3 个港区。深水岸线主要集中在柘林的金狮湾（部分岸线在大埕湾）和西澳岛北部，其他适合建港岸线有小红山、三百门、海山岛等地。金狮湾港区岸线总长约 16 公里，其中深水岸线 10.4 公里，该港区深水近岸，水域宽阔，-5 米等深线距岸 100～500 米，-10 米等深线距岸 0.3～2.5 公里，-20 米等深线距岸 13 公里，-30 米等深线距岸 26 公里。规划在西澳港区建设2个10万吨级通用码头泊位，并形成长8.2公里的深水岸线，可建设20个5万吨级以上泊位，新增2 290公顷可供开发的土地。三百门港区岸线长约2.2公里，具有距航道近、掩护条件好、陆域平坦宽阔的优势。现有2个5 000吨级杂货泊位和在建的1个斜坡式滚装泊位。

进港大道（肖建生摄）

2004年1月，在柘林开工建设的大唐电厂，装机容量为2×60万千瓦超临界和6×100万千瓦超临界发电机组，合计装机容量为720万千瓦，总投资240亿人民币。一期和二期的1～4号机组分别于2006年5月和2009年12月建成投产。5、6号机组建设正在进行中。

2009年5月8日，亚太通用码头项目奠基仪式在柘林举行，计划投资75亿元，建设30万吨级泊位1个、10万吨级泊位5个。第一期投资8.9亿元，建设2个10万吨级泊位，于2012年7月投入使用。

2014年，潮州与“海丝”有贸易往来的35个沿线国家进出口贸易额为12.95亿美元；2015年1月至10月，进出口贸易额达10.5亿美元，占全市进出口总额的45%。沿线国家在潮州的投资项目有27个，投资总额达1.33亿美元。潮州在沿线国家设立投资企业2家，投资总额562.5万美元。（南方网，2015－10－14；《国际商报》，2015－10－25）

潮州港又是东方陶瓷贸易之港，直至今天，潮州的陶瓷出口额依然稳居国内首位。潮州陶瓷在国家陶瓷出口额中，日用瓷占30%，工艺瓷占40%，卫生洁具占60%，电子陶瓷占90%，产品畅销150多个国家。（潮州广播电视网，2015－02－26）

柘林渔港（肖建生摄）

大唐电厂（张岚摄）

亚太港口有限公司（杨展鹏摄）

潮州港经济开发区是一个以潮州港为依托、协调推进的省级开发区。规划陆域控制面积220平方公里，海域面积230平方公里。该区以建设“粤东地区重要临港经济增长极；广东省重要的能源、石化、新型临港产业基地；生态环境优美、社会经济和谐、可持续发展的粤东现代化滨海新城”为目标，逐步将其建设成为集工业、商贸、物流于一体的华南区域性重要港口。港口建设如火如荼，扎实推进，大唐发电厂、华丰石化工业园、华能大埕所城风电场、海山岛风电场等大型能源、石化项目已建成投产，潮州港货运码头扩建及新港区综合开发项目、潮州闽粤经济合作区LNG储配站、广东海润冷链物流等项目已落户建设，粤东水产品物流中心、钢板精加工等一大批项目正在加紧规划建设中，这里已成为华南沿海开发建设的新热土。

在柘林港的发展历程中，虽有过艰辛曲折，但大海总是奔腾向前的。在国家积极推进21世纪海上丝绸之路建设的今天，作为潮州港核心区的柘林港又迎来了千载难逢的发展新机遇。当前，潮州市委、市政府，饶平县委、县政府正立足海上丝绸之路重要节点等优势，全面开展产业、商贸等多元经济合作；启动闽粤沿海大通道规划建设，做好省际道路、高速公路和港口的衔接；发挥闽粤经济合作区“先行先试、政策共享”的体制优势；加强合作联动，主动接受珠三角、海西经济区和台湾地区的产业辐射；加快港口基础设施和临港产业集聚区建设，将潮州港建设成为服务赣闽粤原中央苏区振兴发展的出海大通道和开放合作的支点；推进港城联动发展，加快滨海新城建设，努力打造闽粤台融合发展的桥头堡。积极主动地融入“一带一路”建设大潮，继续谱写“涨海声中万国商”的壮丽诗篇。

（本文缩写稿《柘林港：“海上丝绸之路”粤东第一港》载于潮州市社会科学界联合会主办的《潮州社科》2017年第1期第33－37页）

岭东第一关

——“海丝军港”柘林

饶平县柘林镇（古称“柘林寨”）地处广东省最东端的东里半岛的南端，有柘林湾环卫，与南澳岛隔海对峙，距大城所5公里，距黄冈城22公里，为通往厦门、泉州、台湾、广州等地之古代船舶必经之地，是粤东边海前线、南疆屏障。诚如《潮州府志》所云：“大山大海控扼全闽，屹然岭东锁伦，滨海重地。”明成化辛卯科举人、国子监助教曹宗的《东里纪咏》中写道：“百二山河下岱全，柘林戍旅自年年。金门（柘林港水道）潮涌咽喉地，月照矶头（旗头山）沙影妍。”这里不仅地势险要，而且是得天独厚的渔港、商港，有“未有汕头埠，先有柘林港”之说。史籍记载：隋大业六年（610）二月，炀帝命武贲郎将陈棱、朝请大夫张镇州率兵万余人从义安郡（今潮州）柘林港跨海进击流求国（今台湾）。（《隋书·陈棱传》、《隋书·东夷·流求国》；《饶平县志》1994年版）柘林港是明清时期饶平县五大军事要地之一，也是维护“海上丝路”贸易和交通安全的重要军港，历代朝廷（政府）长期在此驻军设防，明代抗倭名将俞大猷曾在柘林港穷剿倭寇三战三捷。柘林海防不仅关乎潮州一府之安全，对广东全境安危也有着重要的保障作用。本文综合有关史籍的记载，概述明清时期的“海丝军港”柘林。

一、军事战略要地

明清时期，不少军事家及有识之士根据当时海防的形势和柘林的地理位置，对柘林的军事地位作了精辟的论述，如“柘林乃南澳海道咽喉门户，据三路之上游”，是“番船自闽入粤的必经之地”“最称重镇”“岭东第一关”等等。现择要辑录于下：

明嘉靖十四年（1535）戴璟（字孟光，号石屏，奉化人。嘉靖丙戌科进士，官至佥都御史巡抚广东）的《广东通志初稿》载：“柘林乃南澳海道门户，番船自福（建）趋广（东）皆由此入澳。”“柘林澳，内漳潮海寇，外暹罗诸番、倭常泊舟于澳，为内地方患。”嘉靖《潮州府志》亦载：“柘林澳，暹罗诸倭及海寇，常舶巨舟为患。”

嘉靖二十一年（1542），饶平知县罗胤凯（益阳人）议云：“窃惟柘林前金门（柘林港海道）一道，上据白沙墩（旗头山），下据黄芒、南洋，外跨隆、深、云、青四澳，内则延袤黄冈、海山、钱塘、樟林等处乡村，闽广货舟所经，本地鱼盐所萃，颇有贸易之利。……今观水寨置之泊所，其去大金门百有余里，而大城一所，又居腹里，名虽备寇，实则虚糜粮食。况本所近已奏免征调，专以守御为事，顾置之空间，方且外募兵夫，岁给千金，月支百石，以资顽恶。岁月无穷，公帛易耗，几何不至于上下俱疲耶。今将水寨移之黄芒，将大城所移之陈旗（即旗头山），大金门多置战舰器械，练习水战，以备不虞。”（《东里志·卷四》第165页）

嘉靖三十四年（1555），饶平知县徐梓（应天人）有《建海八议》，谓：“……宣化之柘林，苏湾之南洋，诚为咽喉门户之地，有所必守而不可缓者。……国初倭寇为患，沿海多设备倭官军，故于宣化（都）柘林之东北，特建大城备倭之千户所，而今则无益矣。”其“隐处内地，去柘林十里之遥。海寇登岸劫掠，尚不知闻……而柘林地方，旧尝设一指挥以守之矣。为今之计，宜设一员于南洋……分一员柘林，以大城官军为主，而以某处募兵若干冀之。酌量船只人夫相应，多寡取足御备而止。仍使二处轮流巡逻黄芒、海山诸村，以防内溃之虞，将见东西相望，屹然二镇，如常山蛇之形。咽喉既定，腹心无虞，海寇之息，自此潜消，而内地之寇，亦可因而默夺矣。”（《东里志·卷四》第166－167页）

嘉靖末年，郑若曾（1503—1570，昆山人，著名军事家、战略家）在《筹海图编·广东事宜》中指出，惠、潮二郡，与福建接壤，是漳州船只“通番”必经之地。而潮州：“为岭东之巨镇，柘林、南澳俱系要区，枕吭抚背之防，不可一日缓，而靖海、海门、蓬洲、大城诸所，又皆跬步海涛，所赖以近保三阳（指海阳、潮阳、揭阳），远卫岭东者也。”“柘林乃南澳海道门户，据三路之上游，番船自福（建）趋广（东），悉由此入。”“无柘林，是无水寨；无水寨，是无惠潮也！”这表明，柘林是东路的中心防区，它占据着广东海防三路之上游这个战略要地，是番船自福建到广东的必经之处。

万历四十五年（1617），张燮（1574—1640，龙溪县人，21岁中举）所撰《东西洋考》卷九载：“柘林寨属潮，最称重镇。”

清顺治、康熙年间顾祖禹（1631—1692，江苏无锡人，沿革地理学家）《读史方舆纪要》亦云：“柘林寨，在（饶平）县南大尖峰西南。有柘林澳，西北去（潮州）府城百三十里，置寨于此，为戍守要地。”“柘林澳在其（指饶平大尖峰）南，暹罗、日本及海寇皆泊巨舟于此。”（《读史方舆纪要》卷一百零三“广东四”）“柘林波连南澳，跨闽粤之交，海寇恒窥伺于此，往来突犯。盖他寨或山，或礁，或港，皆有险可恃，柘林寨南面平洋，海寇扬帆直指，瞬息可至，且四面孤悬，无附近卫所可以缓急应援。……故柘林之备为最切。”“为今之计，东路官军每秋掣班，必以柘林为堡，慎固要津，附近大城所戍卒互为声援，不得规避空所，纵贼驰骤。”（《读史方舆纪要·海防考》）

康熙年间，曾巡视闽粤的工部尚书杜臻（1633—1703）在《海防述略》中对于广东海防地理形势亦谓：“潮为岭东巨镇焉，柘林、南澳俱系要区，枕吭抚背之防，不可一日缓。……倘柘林、南澳失守，是无潮也；而不知柘林之地尤为海道门户，据三路之上游，番船由福（建）趋广（东），悉由此入。旧例风汛之期，各澳皆设战舰，秋尽撤回水寨。此为他澳犹可，柘林去水寨一日之远，警报未易达，倘贼视我无备，乘虚冲突，不亦危乎！故必以慎固柘林为要，而附近城所卒互为声援，斯为胜算焉。”

乾隆年间，广东学政李调元（1734—1802）《粤东笔记》载：“广东海防，当分三路。三路者，左为惠、潮，右为高、雷、廉，而广州为中。惠、潮二郡，皆与福建接壤，而潮尤当其冲。柘林、南澳皆要区也。由柘林而西，大城、海门、靖海、蓬洲诸所，又西接甲子门、碣石、平海诸卫所，皆为西南之庇。倘柘林、南澳失守，是无潮也；平海、碣石失守，是无惠也。故惠、潮之备，以柘林为最要。柘林乃南澳海道之门户，据三路上游，番舶自福（建）趋广（东），皆由此入。（柘林）澳去惠、潮水寨，远几百里，水寨为惠、潮之冲，而柘林为水寨之卫。慎固之防，不可不豫，而大城所声援差近，备尤不可或疏也。”

光绪五年（1879），王之春（1842—1906，湖南清泉县人。外交家、思想家、洋务派代表人物、湘军名将。曾任广东雷琼高廉兵备道道员，署理广东布政使）的《国朝柔远记·沿海形势论》载：“惠、潮与闽连壤，柘林为岭东第一关。”

二、驻军设防概况

明清时期，柘林是饶平五大军事要地之一（柘林、深澳、大城所、黄冈、饶平）之一，朝廷长期在此驻军设防，以象头山、风吹岭、鸡髻山、大肚山、旗头山、马头山等为据点，与西澳岛互为犄角，构筑维护“海丝”贸易和交通安全的重要防线。

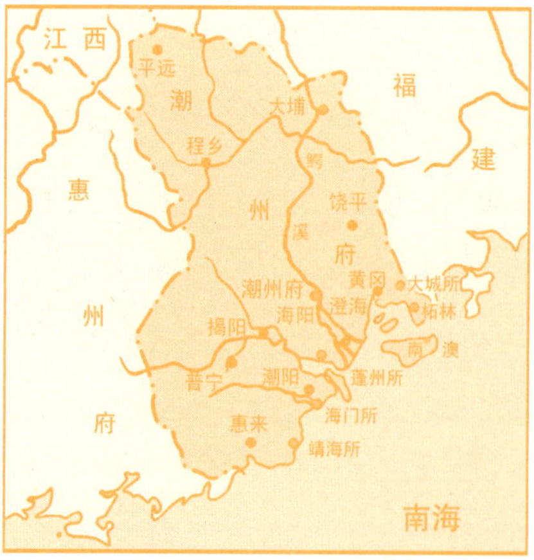

明代潮州府海防图（出自《图解潮汕历史》）

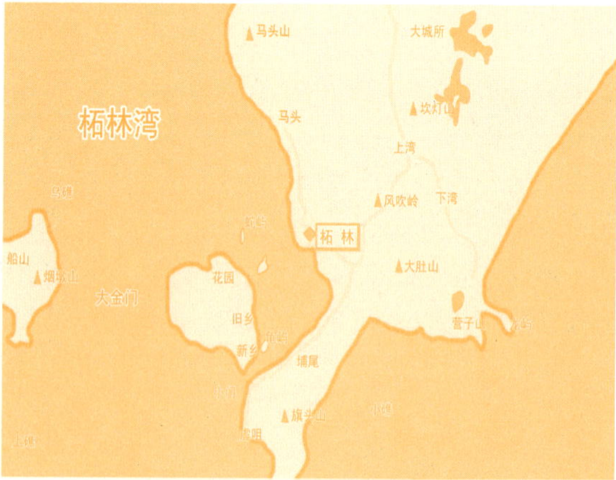

清代柘林示意图（杨展鹏监制）

洪武年间，迁南澳居民上大陆居住，南澳弃守，柘林成为由闽入粤的水上第一门户。（乾隆《南澳志》）柘林寨在明代是潮州卫的专设机构，明初设守备1

员，兵696名，战船45艘。（《饶平县志》1994年版）万历七年（1579）设指挥1员，兵1 714员，战船53艘。（《饶平县志补订》）清顺治年间设游击1员，水师1 000名，中军守备1员，千总2员，把总4员。（《东里大观》）康熙中叶，潮州镇设总兵官1员，统辖10营，其中有3个营设在饶平，即潮镇黄冈协左营、潮镇黄冈协右营、潮镇饶平营。营以下设汛，各汛均有营房，汛兵数额视要地轻重而定。柘林为潮镇黄冈协左营所辖，柘林寨设兵62名，另战船1艘配兵16名，马头汛配兵18名。（《饶平县志·军事》1994年版）20世纪50年代，柘林尚有明清时期的军事遗迹：旗头山炮台、柘林寨衙（在后井社天后宫东南面）、新街汛（俗称"下汛地"，在新街社东兴围西北侧）、尖山汛（俗称"营仔"，在尖山东南侧）、马头汛（在马头山）、铳城（在马头山东南面铳城港）、寨山寮（在下岱东）、雷震关（在风吹岭东麓）、大肚山（烟楼山）望墩烟楼、鸡髻山烟墩、旗头山望墩等遗址。不少史籍也留下了明清两朝关于柘林的军事设置的记载，现择要辑录于下：

明洪武二十六年（1393），置水寨，兼哨柘林。（《东里志·卷一》第6页）

"洪武二十七年（1394），置大城守御千户所。盖自元伐日本无功，南人被留于其地者，以数万计。自是习熟海道，寻寇海滨。自澄莱至广惠千余里，咸被其害。至是命安陆侯吴杰督率武职于沿海以总备，仍置寨建所，于是有东陇之水寨，柘林之东路，而大城所亦因以建置焉。"（《东里志·卷一》第6页）

"明人防海知设水寨于柘林。"（《潮州海防图说》）

成化、弘治年间，郑清之派下八世孙（佚名）镇守柘林海防，营造一座"三进宅院"，其子孙世代在此聚居，俗称"三落郑"。（《东里大观·村镇概况》第87页）

三落郑（杨展鹏摄）

"象头山在柘林，旧有天妃宫。嘉靖初，镇守东路官即庙树栅为营。戊戌（嘉靖十七年，1538）同知刘晴川（即刘魁，字晴川，江西泰和人。正德年间举人，官宝庆通判、潮州同知）与饶平知县翁湘湖（五伦）行部至此，赋《登象头山》诗一首，云：‘未逢沧海使，先过石头山。上上孤舟望，盈盈一水间。迹寻华盖远，心愧白鸥闲。幸遇朋簪盍，何妨弄月还。大观须是海，望远莫如山。无限乾坤趣，都归意思间。人心原自在，世道本清闲。认得孤舟意，风波任往还。’”（《东里志·卷一》第14－15页）

嘉靖二十六年（1547）郭春震《潮州府志·地理志》载：“柘林澳：暹罗诸倭及海寇常泊巨舟为患，今调拨潮碣二卫军士，更者哨守，益以募夫，以指挥一员领之。水寨：凡舟之过秋溪及樟水港者必由之。洪武初，置石城，造战舰以拒番舶。今官军往来防御，以夏秋为期。”（饶宗颐编《潮州志汇编》第70页）

“寨山在下岱东，旧有寮址，嘉靖四十年（1561），士民请于当道筑修之，赖以安全者。”（《东里志·卷一》第14页）

嘉靖四十一年（1562）十一月二十二日，移潮州守备驻黄冈，柘林守备驻南澳。（《东里大观·大事纪要》第8页）

嘉靖四十三年（1564），提督两广军务右都御史吴桂芳疏：“倭寇海出没无常，先年议设南头、碣石、柘林三哨兵船分地防守，每哨止委指挥一员，兵无忌惮，得恣猖獗。近日柘林之变（指谭允传事）可为永鉴……臣等欲并三哨之兵而稍减其数……名曰督理广州惠潮等处海防参将。”吴桂芳的《请设沿海水寨疏》又云：“请设守备一员领兵一千二百名，驻扎潮州柘林，以严东界门屏之守。”（饶宗颐《柘林在海外交通史上的地位》）

嘉靖四十五年（1566）九月初五日，提督两广侍郎吴桂芳奏请“复设柘林守备，以澄海、潮阳二县水兵隶之”报可。是年，置柘林寨。募民兵一千七百一十六人，领战船大小四十五艘，设指挥一名，建衙于天妃宫（坐落于柘林后井社凤山南麓）之东南。（《饶平县志·大事记》1994年版，第18页）

嘉靖年间，海道副使李僔、何元述，皆维车柘林，练兵阅城。（《东里志·卷二》第48页）

万历《大明会典》卷一百三十一《兵部·镇戍》载：“东洋有柘林、碣石、南头，在西洋有白沙港、乌兔、白鸽门六处，皆立寨。增兵增船，统以将官，无事则会哨巡缉，有警则互相策应，务以击贼外洋为上功，近港次之，如信地不守，见贼不击，俱坐罪重治。”

《明史》卷二十一载：“饶平：潮州府东北。成化十三年十月以海阳县三饶地置，治下饶。东南滨海，海中有南澳山，有大城守御千户所，洪武二十七年置。南有黄冈、西有凤凰山二巡检司。又东南有柘林寨。”

万历二年（1574）《东里志》载：“后澳（柘林港门，俗称‘后澳仔’）在柘林西山之麓。澳面宽平，水波不兴，可容千艘，守备兵舟皆泊于此。”

万历三年（1575）九月初六日，诏云：“南澳据漳、泉要害，依拟设官建镇，以便防守，裁广东东路参将，调柘林水寨船四十五只，铜山（福建东山）游船四十只属之。”（《东里大观》第10页）

万历三年，兵道金松涧在下岱海边之大肚山设望墩烟楼［后该山称烟楼山。明国子监助教曹宗有《烟楼山》，诗云：“叠叠重重接大荒，金门（柘林湾海道）

作对照祥光。凌空烟阁高唐国，吐气烟楼起岱乡（柘林下岱乡）。若匪仙翁炊玉饭，或疑神女焚兰香。寻芳游子石阶上，飞绕云霞满袖裳。"]，可望海中三五百里；在柘林北海滨之鸡髻山新立烟墩，可泊舟；在下岱南海滨之陈旗山（柘林旗头山）新立望墩。(《东里志·卷一》第14－15页)

万历三年，海防参政金淛维车柘林，练兵阅城。(《东里志·卷二》第48页)

万历二十年（1592）九月初七，升广东柘林守备吴广为广州海防参将。(《东里大观·大事纪要》第10页)

清顺治八年（1651）七月十一日，定广东兵经制……柘林镇设游击1员，水师1 000名，中军守备1员，千总2员，把总4员……(《东里大观·大事纪要》第12页)

康熙五十六年（1717），在柘林旗头山东隅设立炮台，该炮台东、南、西临海，北倚高山，与南澳岛猎屿炮台形成钳势，为潮州海防重要的军事设施之一。有营房26间，驻兵62名，置火炮8门。城墙系贝灰河沙夯筑，高约8米，厚3米，周长约200米，面积1 100多平方米。城堡内布局分前、中、后三座，前座为炮位和观察台，中座为仓库，后座为营房，厨房和餐厅连接正座北侧，山背还建有三间马房。(《饶平县志·文化志》1990年版第63页) 是年，兵部准广东沿海设炮台，每年正月初九日委就近文职会同旗头山、虎屿（在柘林近邻龙湾乡海滨，俗称"炮台山"）等处炮台军营官弁演习，每炮演发10余发。(《饶平县志·大事记》1994年版第24页)

炮台（杨展鹏摄）

柘林守备营衙署（杨展鹏摄）

三、境内战事概述

柘林湾战事的历史记载，可追溯到宋代的《收捕海盗》文，此文是宋代潮州海防与海运的重要史料之一。南宋初，为抗击海盗，保障海上丝绸之路畅通，在绍兴五年（1135）经广东帅臣连南夫奏请，按地域令沿海居民结社，其法“五百人结为一社，不及三百人以下，附近社推材勇物力人为社首，其次为副社首，备坐圣旨，给帖差捕。盖滨海之民，熟知海贼所向，平时无力往擒尔。今既听其会合，如擒获近上首领，许保奏优与补官，其谁不乐为用。”（宋·李心传《建炎以来系年要录》卷八十八，绍兴五年戊午四月）社首由地方的“材勇物力人”担任，由官府授予追捕海盗的权力，许诺论功行赏，引导民间武装参与抗击海盗的行动，将这些基层力量纳入官府的海防体系之中。曾于嘉定（1208—1224）、绍定（1228—1233）两任泉州知州的真德秀的奏折中就提到了潮州“柘林部长林四”参与剿捕南澳海盗的军事行动。“五月初四日，又据小江巡检状缴到‘东界新埭柘林部长林四等状’称：四月二十四日早驀被贼船一十余只乘载五六百人，持枪仗上岸劫掠，复驶船到柘林澳，掳去盐纲船二只，在深澳抛泊出没行劫。”（宋·真德秀《西山先生真文忠文集》卷十五《中尚书省乞措置收捕海盗》）文中提及的“柘林部长林四”应是柘林澳民间武装的首领，在发生海盗行劫事件后，他向其上属的小江巡检司报告。

明清时期，柘林境内发生多宗战事，主要为维护“海丝”贸易、海上交通安全和民众人身财产安全，都是官军及乡民与倭寇、海贼的斗争。取得辉煌战果的有：黑孟阳引舟师歼灭贼寇方四溪、徐碧溪之役，俞大猷痛歼海盗曾一本之役，郭大成击毙海寇曾一本之役，任可容与陈聪设奇谋大败倭夷之役等，也有震惊朝野的谭允传率众兵变的重大事件等。史籍多有记载，现择要辑录于下：

明景泰三年（1452）四月，巡抚广东左侍郎揭稽奏："海贼犯潮州柘林，杀掠人财，卫所官坐视不援，乞究治之。"（上）命巡抚御史逮卫所官鞫问，奏闻处置。（《东里大观·大事纪要》第5页）

正德十四年（1519），海盗金章集船百余艘，据饶平大金门（柘林湾海道），后被官军打败。（《饶平县志·大事记》1994年版第14页）

嘉靖元年（1522），柘林人吴清聚众驾舟出海劫掠下湾乡。嘉靖三年（1524）受抚后复叛，盘旋海上30余年，后为官兵所杀。（《饶平县志·大事记》1994年版第14页）

嘉靖八年（1529）大旱，民大饥，斗米价银二钱。是年，柘林乡民吴大与弟吴三，因鼠窃事，聚众倡乱，驾舟十余艘，杀惠潮居民，被害极众。潮州卫指挥赖俊，提督东路民兵驱灭之。（《东里志·卷二》第53页）

嘉靖二十三年（1544），海贼李大用寇东路。李大用贼船近百艘，合攻东路。官兵并下岱、柘林乡民，竭力御之。贼自后澳（柘林之港湾，当地称"后澳仔"）登岸，乡兵追斩一首，贼退。乡人料其必再至，复设伏于山下。次日黎明，贼果登岸。复斩二首，于是遂遁。（《东里志·卷二》第45页）郭子章《潮中杂纪·国朝平寇考》亦载嘉靖二十三年"李大用集船近百艘合攻东路，官兵并柘林、下岱乡民竭力守御"。《潮州府志》载嘉靖二十三年"败海寇李大用于柘林"。

嘉靖三十二年（1553）秋八月，海寇何阿八（东莞人）寇东里。是日，何阿八犯东路，柘林协守指挥马骧、东路指挥张夫杰不敢迎战，将乌艚兵船泊于海汕中，贼用大铳打毁，兵夫散走，贼纵火焚舟，资械悉尽。其夜焚劫柘林，烟火涨天。次日劫大港。又次日攻下岱、下湾。又次日攻大城。保长陈天佑率众登埤拒守，贼不克乃去。（《东里志·卷二》第55页）郭子章《潮中杂纪·国朝平寇考》亦载："八月，东莞何阿八寇东路柘林，协守指挥马骧、东路指挥张夫杰不敢迎战。"继犯大港、下湾、下岱、大城等地。翌年，转攻闽浙，后为闽浙提督鲍象贤剿灭，何阿八被擒斩。（《饶平县志·大事记》1994年版第16页）

"嘉靖三十三年（1554），海寇何阿九寇柘林，千户（明朝武官职称）夏琏毙之。初海寇何阿八既诛，其弟何阿九复肆于海上。是年六月初六日寇柘林。报至，夏琏曰：'此贼若不先挫其锋，必长驱而进，祸及我所矣。'于是领兵出战，贼势怯。琏偶为塘岸绊跌下马，贼众追至，公手刃迎敌，众寡不敌，遂遇害。贼亦从此退去，不敢复窥东里矣。"（《东里志·卷二》第55页）郭子章《潮中杂纪·国朝平寇考》亦载："亚八弟亚九肆掠海上，是年六月初六日攻柘林，千户夏琏毙之。"《潮州府志》亦载嘉靖三十三年"何亚九攻柘林"。

嘉靖三十三年（1554）十月十一日，海贼犯柘林，指挥黑孟阳引舟师歼之，生擒贼首方四溪，夷目吒过啰等135名，斩首39级。贼首徐碧溪等悉沉海底。事闻，诏赏都御史谈恺银30两，纻丝二表里，广东海道副使汪柏及孟阳等各银有差。（《东里大观·大事纪要》第8页）

嘉靖四十三年（1564），广东东莞水兵徐永泰等四百人守柘林澳。因薪粮被克扣数月，水兵谭允传等率众哗变，执指挥韩朝阳，会合东莞盐徒，海南栅诸“寇”，进攻省城，击败广州总兵汤克宽，汤舰被焚。提督侍郎吴桂芳援汤夹击哗变兵众，斩首千余级，谭被杀于市。这一事件震惊朝野。《明世宗实录·卷五三二》、郭子章《潮中杂纪·国朝平寇考》、《饶平县志·大事记》等史籍均有记载。

隆庆元年（1567），海盗曾一本（海阳人，一说诏安人）召集海盗吴平余众，再踞南澳吴平旧寨，聚众数万。李锡为福建总兵官，海寇曾一本至闽，锡出海御之，与（俞）大猷遇贼柘林澳，三战皆捷。翌年曾一本率兵攻打瓮城（黄冈）。明参战张元熏伏兵竹林堡，并令丁如龙统兵自留岭（琉璃岭）合击。曾一本见势不利，退走南澳，被明军合攻而败走。（《明史·李锡传》第212页；《饶平县志·军事》1994年版第739页）

隆庆三年（1569）六月十三日，总兵郭大成攻曾一本，平之。总兵郭大成逐曾一本贼舟至柘林，大战一日，贼败，攻入一本舟中，获其空舟。次日又战于马耳澳，一本驾大舟迎战，郭大成用炮轰击，曾一本被击伤沉海而死。（《东里志·卷二》第61页；《饶平县志·军事》1994年版第739页）

万历元年（1573）冬，海上武装集团首领林凤（饶平人）进攻柘林等地，林以澎湖为基地，拥兵船300余艘。万历二年（1754）率5 500人，其中水手2 000人，妇女儿童1 500人，船62艘，进入菲律宾。适菲律宾人及华侨不堪西班牙殖民者压迫，欢迎林凤。但林却因寡不敌众，入菲不果，退踞冯嘉施兰仁牙因湾（译音），并建城立足，向当地居民传授中国农业耕作技术和工艺。1575年被西班牙殖民军围困，苦战四月，不守突围走。（《明史·凌云翼传》《潮州府志》《饶平县志》）

万历三年（1575）八月十五日夜，大城所兵叛。先时调浙兵一营六百名，戍守大城。以把总郭烨统之，烨性贪残，兵士不胜其诛索，偏听哨官杨逢春拨置。杨乃罗委义子也，内构外煽，于是因中秋灯科敛，嗾兵以反，将烨捆打，掠其家眷。时赖柘林守备杜昭调解，始不为变。事闻，金道捕而平之，代以马从龙。（《东里志·卷二》第62页）

海上歼倭寇（杨展鹏摄于崇武古城展览馆）

万历二十六年（1598）四月，倭寇大船10余艘进攻柘林、碣石等地，五月十八日，惠潮兵备道副使任可容与勇士陈聪设奇兵伏击，生擒真倭4名，贼首3名，通事1名，斩贼15名。（黄佐《海上事略》，《东里志・卷四》，《饶平县志・大事记》）

万历二十九年（1601）七月十七日……因广东岛夷失防，诏夺广东道府诸臣俸，柘林守备马如电被革任提问，戴罪杀贼。（《东里大观・大事纪要》第11页）

天启七年（1627）七月二十三日，“海贼”一鹳老等驾船百余艘突入柘林寨，焚毁兵船，登岸烧居民房屋。（《东里大观・大事纪要》第11页）

清康熙十三年（1674）九月，清续顺公沈瑞率兵围攻黄冈，并进兵潮州，在柘林与郑经（郑成功之子）、右虎卫陈庞遭遇，陈兵大败，退守潮州。（《饶平县志・大事记》1994年版第22页）

康熙十九年（1680），协镇广东黄冈等处地方副总兵官吴启镇（饶平镇挂印总兵官吴六奇之次子）招抚各岛伪镇官兵人民数万在柘林古渡口登岸。（饶宗颐《柘林在海外交通史上的地位》）

道光十八年（1838），英国鸦片船泊南澳兜售鸦片，转销潮、漳一带。柘林港输入鸦片，东界受影响。次年，林则徐、邓廷桢责成英领事义律召回泊南澳鸦片船，并收缴船上鸦片。（《东里大观・大事纪要》第13页）

咸丰二年（1852），英国炮艇窜入柘林旗头港，掠夺正在海边劳作的农民。（《饶平县志》1994年版第973页）

综上所述，由于柘林处于“岭东第一关”（王之春语）的特殊地理位置，及其在古代的海防布局中的重要地位，受到历代军事战略家的高度重视。历代朝廷在此设防，派重兵把守。史籍记载的明清时期在柘林湾发生的大小战役就有20多次，官民在抵御倭寇、海贼的斗争中演绎着一个个可歌可泣的故事，在维护“海丝”贸易和交通安全中发挥着重要作用，柘林港也因而名垂青史。

（原文载潮州市地方志办公室主办的《潮州》杂志2016年第2期第22－25页；2016年8月被饶平县政协收编入《饶平文史》第11辑；又被广州饶平商会主办的《饶平人》2017年总第31、32期转载）

古战船模型（杨展鹏摄于崇武古城）

渔业今昔

造船业

造船，是航运业和渔业发展的基础。有了海与船的相遇，才有了海上丝绸之路的光辉岁月。在“洪涛接天，巨浪如山”的海洋中，作为木船时代以风帆为动力的远洋船只中的佼佼者，红头船，以其“云帆高涨，昼夜星驰，涉波狂澜，若履通衢”的威武雄壮，让潮州商人凭借它沿着海上丝绸之路东驶澎湖、台湾，南达东南亚诸国，北上日本、高丽等地，成就了远航的壮举，为潮州航海史写下了璀璨的一页。

国学大师饶宗颐在《柘林在海外交通史上的地位》一文中指出，明清时期“柘林造船业亦盛，至今尚然”，高度概括了柘林港造船业的历史。

在潮州沿海地区，百姓以船谋生。《宋史·食货志》谓“东南之利，舶商居其一”。“濒海居民所持以资生而为常业者，非商贩外洋，即渔盐本港。”明清以来，由于海防、渔业与运输、贸易的需求，潮州的造船业比较发达。清初开放海禁之后，除了官府海防之需外，海上贸易、渔业、运输业、疍民居住之需等，无一不需要船舶。“潮州府厂”为广东官设的五大船厂之一，设于庵埠，还在各县设有造船基地，负责修造各种类型的官船。而民间使用的商船、渔船等，则出自民营造船厂，此类船舶需求量大，如广东巡抚杨文乾于雍正三年（1725），委惠潮道方愿瑛于广惠潮三府查验渔船，“查得三府属大小渔船共有一万二百余只”。乾隆四十一年（1776），两广总督杨廷璋奏称“粤东商渔大小船只，每州县不下一二千（艘）”。显而易见，明清时期的造船厂（作坊）遍及沿海沿江各个较大的埠（墟）市。地处濒海商埠的柘林港当然也不例外。

明中后期，大批潮州人涌向大海从事贩运或捕捞，船就成了潮州人，特别是沿海居民须臾不离的生存工具，“农工商贾，皆藉船为业”。潮州商人以船为伴，在海寇商人时代，商船兼战船，百十为群，纵横海上。入清以后，船成为商业贸易最重要、最基本的工具，以船为工具的海贩商人成为潮州商人的核心力量。

据地方志记载，明代柘林港已有修造船舶的作坊，并细分为木作、锯木、捻缝、桐油灰、篷帆、铁作、打索等作坊，具有一定的专业分工。主要制造供沿海运输的商船和海洋捕捞的罟船，底尖上阔，首昂尾高，甲板平坦，龙骨厚实，采用抗沉性较强的水密隔舱技术，提高了帆船的安全性；又以平衡纵帆作为推进装置，使船在横风甚至逆风中也可以航行，还可以根据风力大小卷放帆面，即使帆面有一些破洞，仍能维持良好的受风效果，且以可行驶于远海著称。雍正元年（1723），清政府为了加强对沿海船舶的控制，要求东部和南部四省沿海商船和渔船必须用不同颜色的油漆涂饰船头和桅杆，以示区别。规定广东商船和渔船之船头及大桅上部漆红色（江苏船“青油漆饰，白色钩字”；浙江船“白油漆饰，绿色钩字”；福建船“绿油漆饰，红色钩字”）。故广东船只从那时开始用红油漆饰船头，黑色钩字，被称之为“红头船”。红头鸡目的红头船是潮州船的特有标识，即不仅将船头油饰朱砂，而且在船头装上一对凸出的大鸡眼。潮州人认为，船有眼，才不会迷失航道。红头船的船头装上“白仁黑珠”的“鸡目”，使整条大船像一只起舞的大公鸡，威武雄壮，也似乎展示着潮州商人的勇敢冒险精神，广州人称之为“鸡目船”。

夕照船厂（肖建生摄）

造船（1）（张岚摄）

红头船是一种木结构的帆船，史称“行舶艚”，简称“舶艚”，是由明代的白艚船发展而来。1971 年 10 月，在澄海东里南畔洲的河滩出土的一艘清代红头船，长 39 米，宽 13 米，有五个舱房，整艘船以泰国楠木为料，从头至尾有 49 片壁板，构件的连接用钢钉钉牢。1972 年 10 月，又在东里镇和洲村坪尾的河滩出土一艘红头船，长 28 米。这两艘海船残骸，为后人认识红头船提供了实物资料。据林济《潮商史略》，红头船具有下列特点：①船体大、负重多。南宋吴自牧《梦粱录》载：“海之商船大者可负载五千石，可容纳五六百人；中者一二千石，亦可容纳二三百人。”②首尖体长，吃水较深，能够在 6 至 7 级强风中安全航行，有较好的远航性能和较大的续航力。③船体结构安全性好，船体纵向结构依靠龙骨等维持，横向结构以密距肋骨与隔舱板构成，有 5 至 7 个船舱，纵使某个船舱发生渗漏，也不致立即发生沉船。④多桅风帆。红头船一般为双桅，远航船有三桅，桅上高挂巨帆，上再叠帆，船头与船尾每桅各一帆，遇上好风，风帆齐张，船行如飞，可以远航南洋诸岛。⑤设置大铁锚，具有较好的稳固性能。⑥用料讲究。船材起初多用粤西产的铁力木，后来多用暹罗等国的楠木、麻栗木建造，木料质地缜密而坚硬。因而红头船成为一种宜于远洋航行的传统海船。

造船（2）（杨展鹏摄）

古代造船，没有图纸，全凭世代相传的看家本领，以师带徒的方式传授修造技术，祖传的木帆船制造有 47 道工序，全部是手工制作。“民国九年（1920），柘林黄水鸡私家船坊有工人 50 多人，年造罟船（一种敲罟作业的渔船）30 多艘，还兼修旧式电船。”（《饶平县志·工业》1994 年版第422 页）这种罟船的船体为木质，多为杉木、犁木、樟木等。船长 15 ~38 米，宽 3 ~7. 5 米，一般是双桅或单桅，风帆是介于尖刀形和宽刀形之间的形状，配置有大铁锚，航行全靠风力。

木工活是制造木帆船的基本功。船体用材较为讲究，一般都采用较长的木料。原木不能直接使用，根据实际需要，有的要修圆，有的要修正，有的则需要破成板材。骨架是船体最基本的组成部分，支撑整个船体承受水压、波浪冲击等。这对木料的质量、强度和制造工艺要求甚高。船只表面由各种复杂的曲面组成，平行板料之间用钉锔拼合，用桐油灰（用贝灰和适量的桐油在石臼里拌匀，再用碓舂不停地捣拌，直至成为与蒸馒头的面团相似的填补料）、灰头（即桐油灰加麻绒或旧麻网捣拌而成的填补料）捻缝，以保证船壳水密。船造好后，还要对船体外壳进行涂油漆和装饰（绘画、雕刻）等工序。这种木帆船主要借助风力来航行，船上虽备有桨和橹，但它们的主要作用是调整方向和短距离前进或后退。因为靠风力航行，所以顺风时，速度较快；偏顺风时，则需要调整帆的方向；而逆风时，船就得根据潮水流向走“之”字形了。风太大了，不能出海；风太小了，又走不动，只能靠摇桨和橹前行。

抗日战争期间，饶平沿海港口被日军封锁，海洋航运业和捕捞业受挫，船只还常遭日军掠夺烧劫，造船业日趋萧条，跌落低谷。

中华人民共和国成立后，柘林造船业开始复苏。“1953 年，柘林的黄水成、赖宋亭、张潮溪等 3 家私营船坊，联合成立柘林造船生产组，共 120 多人。”（《饶平县志·工业》1994 年版第 422 页）1954 年，张潮溪主任带领造船工数十人赴福建省漳浦县佛昙镇，仅用 3 个多月的时间，就为该地制造 34 艘罟船，其中罟公、罟母（指挥船）一对（2 艘）。1955 年，黄水成带领造船工人数十人赴饶平县汫洲镇港西，为当地制造百吨包帆船一对（2 艘）。并培养了汤鹅、黄石泉、黄金泉、郑茂等一批技术骨干。

“与此同时，柘林成立水上运输合作社。至 1959 年 7 月，饶平县水上运输公社成立，柘林水上运输合作社改为船队，隶属县水运公社管辖。柘林船队成立船舶维修组，负责本船队船舶修配。”（《饶平县志·工业》1994 年版第 422 页）

1964 年，柘林公社办造船厂，厂长吴惠精选派林和平到汕头 203 海军部队进修船舶设计。随后柘林造船厂承造的 80 吨位机帆船（柘林渔队 1 号船）试航成功，填补了饶平造船史上的空白。它与别的厂家生产的吨位和马力相同的机帆船比试，以船速快捷著称，被渔民称为“青竹标”（一种爬行极速的蛇之俗称）。《汕头日报》对此做了报道。随后，柘林造船厂又为柘林渔队制造机帆船 10 艘（列 2 ~ 11 号），还为海洋队改造机帆船 4 艘（即海洋 3 ~ 6 号船）。同时，还制造了一批内河电船、艇仔等机动船。

柘林造船厂是粤东、闽南的造船基地，除为本港修造船舶外，还为南澳、澄海、潮阳、惠来及福建诏安、云霄、东山、漳浦等地制造各种船舶。其时，诏安、云霄、东山、漳浦四县的航运公司常年聘请柘林造船厂派员负责这些公司的船舶修配或造新船。常年派驻于上述四县作业的工人每县有 7 ~ 8 人，如黄石泉、黄金泉、张潮溪、张潮钦等。20 世纪 80 年代，云霄县外河航运公司有一艘 150 吨位的木帆船急需换装主桅杆（桅头直径 70 厘米，桅尾直径 35 厘米，桅长 30

造船（3）（杨展鹏摄）

造船（4）（杨展鹏摄）

多米），联系了数家船厂，皆因找不到合适木材及技术上的原因谢绝了。后来黄金泉毅然承担这一艰巨的工程。找不到如此大的原木，黄金泉就采用胶合技术制作桅杆，即采用东北松木锯成片状，用防氧树脂（化工原料）逐层胶合，再制成粗杯修圆成型。其时，尚无起重机等机械设备，要将这么大的桅杆安全、准确地竖起并插入桅槽中，没有高超的技术是难以完成的。黄金泉经反复研究，决定用“骑笃帕”的方法取代传统“骑后虎”的操作方法。竖桅之日，当地群众闻讯纷纷到工地观看。黄金泉胸有成竹，指挥有素，巨大的桅杆徐徐升起，准确无误地插入桅槽，工地上一片欢呼。从此，柘林造船厂在闽南地区名声大振。

据不完全统计，1965—1985 年，柘林造船厂共制造罾船 200 多艘、机帆船 70 多艘、渔轮 4 艘，还制造一大批各类小型船舶。造船业的发展带动了当地相关产业的蓬勃发展，如打铁、绳索、做帆、织网，以及鱼露、风炉、木器等行业及其他商贸的发展。例如，外地客户购船归航时，通常都满载当地出产的鱼露、风炉、木器等产品而归。

20 世纪 60 年代初，因木材等原材料供给紧缺，钱东船队船舶维修组采用水泥和拉丝修补木质船试验成功。随后，由林和平、黄金泉设计的水泥船开始在柘林造船厂制造。内河的运输船开始使用水泥船代替木质船。

1973—2005 年杨培洲任柘林造船厂厂长。1976 年 1 月，该厂研制的玻璃钢灯艇，经省有关部门检测合格，确定为灯光围网优质船型。《汕头日报》对此做了报道。1977 年 8 月，省市县水产部门拨款 24 万元兴建船排站，1979 年建成投产。该站占地面积 1.82 万平方米，拥有 110 米钢轨、29.5 米排车、排车主导、卷扬机、脱节排车、横移池及 120Hp 发电机组等主要设备，修造最大负荷 200 吨级船舶，安全系数 2.5，方便了本地和过往大吨位渔轮、客货轮寄港维修。上排维修船舶年达 100 多艘。1984 年，柘林渔队从海丰购置一艘拖网船（长 28 米，宽 7 米，吃水深度 3 米多）返港上船排，要求将船体加长 6 米，改造为灯光围网船。传统做法是在原船体的头部或尾部接驳材料增加长度。承办此项作业的黄金泉认为按传统做法工期长、造价高，故提出在船体中部接驳加长的施工方案，得到柘林渔队的认可。在施工过程中，将原船体横截为两半，逆向拉开，中间腾出 6 米空间，用于接驳加长。拉开数十吨重的船体，要做到平衡、准确，又不造成对原船体结构的损害，确非易事。黄金泉攻克了一个又一个难关，终于首创在船体中部接驳加长的技术。柘林造船人正是凭着敢为人先的精神，不断创新技术，攻克难关，逐渐享誉粤东、闽南沿海一带。

1978 年，由林和平设计、赖清松负责施工监造了程北 3、4 号渔轮。其中 4 号渔轮被列入省级标准船，编入“全国渔船编制图册”。1987 年“全国渔船编制图册”会议在广州召开，程北 4 号渔轮的设计者林和平成为广东两位参会的代表之一。会后，林和平被邀参加“全国渔船编制图册”的图纸编制工作，历时 4 个月。

1979 年，柘林造船厂附设泡沫厂，职工 20 多人，张惠泽任技术员，为南宁电视机厂和潮州彩瓷厂生产泡沫包装品，取得良好的经济效益。《汕头日报》和汕头市广播电台发表了题为“屋檐下的工厂”的报道，名噪一时，后因供电供水困难，坚持了三年就难以为继。

船排（1）（张岚摄）

船排（2）（张岚摄）

80年代初，生于造船世家的黄振贵、黄振波兄弟率先创办私营造船作坊和船舶机械修配厂。该作坊有工人40多人，为柘林港和云霄、东山、漳浦等地建造80～300匹马力的机动船，高峰期4～5艘机动船同时开工，事业风生水起。1983—1985年柘林的造船作坊月产小机船6～15艘。其时，供不应求，船厂加班加点，往往是5～10艘船一字排开，同时施工。在柘林围未围垦之前，造船工场在沙埔尾至跃进围一带，因靠近戏院，此起彼伏的造船敲打声影响剧团正常演出的事时有发生。

70年代，柘林造船厂为海洋队承造的“南拖”船，80年代转卖给诏安县林厝，该船于21世纪初被列入“全国重点保护的古帆船”，福建有关部门每年皆拨给专项维修资金。福州、厦门的船舶专家曾三次来柘林，请求林和平提供原设计图纸。

80年代，柘林有由黄振培、张国森、赖欺、庄河北、赖锡谦、汤福等兴办的造船作坊和由徐培群、李俊辉等兴办的修配厂共十多家，这些作坊具备自行设计、承造或维修150吨以下渔船的能力，也能安装和修配500匹马力的机械渔船。

大屿造船工场（杨展鹏摄）

造钢铁轮船工场（杨展鹏摄）

90年代，随着近海渔业资源严重衰退，海洋捕捞业向外海渔场拓展，钢质渔轮逐渐代替了木质船，木质造船业遂告式微，造船工人多数转业从事海水网箱养殖或外出打工。目前，柘林从事木质造船者只有50多人。传统的造船业已面临后继乏人的窘境，而曾在此行业摸爬滚打的造船人则十分珍视人生的这一职业生涯。2010年由张国森、黄振贵等人发起成立“柘林造船业工友会”，并建有会馆一座，配置娱乐设施。现有会员70多人，他们常聚在一起，回忆当年从事造船业之酸甜苦辣，向年轻人传授造船的技术与经验。他们期望将传统的木质造船技术列入国家非物质文化遗产名录，加以保护，使沿用了千百年的传统造船技术不致失传。林和平、赖世熙、张国森等工友还热衷于制作船模，尤其是林和平设计、指导监造的“古帆船”船模，根据原船尺寸按比例缩小，即使极细微的部件也极精致；张国森制作的木帆船（乃船），可谓船模的精品，博得专家的一致赞赏。船友们还期待兴建“海丝古港文化”展览馆，内设船模展厅，让游客观赏柘林古港出现过的船舶，了解海丝古港柘林的历史。

海船云集（邓建忠摄）

海洋捕捞业

俗话说：靠山吃山，靠海吃海。三面环海的柘林镇居民素来“以海为生，以鱼为食”，渔业是该镇的主要经济支柱。明·曹宗（东里神前柚园人，明成化辛卯科举人，官国子监助教）在《东里名胜》有“往来渔逐汐潮水，明灭灯悬商旅舟”“访诸渔老知灵濯，驾浪夜光抵涯边”等佳句，可见，渔业在明代已是东里（今之柘林、所城、大埕三镇）的支柱产业。柘林镇70%的劳动力从事渔业生产，是饶平县的渔业生产大镇。柘林港是广东省十大渔港之一。1990年被列入全国首批279个渔港之一。1997年，柘林镇获“渔业万吨镇”称号。

一、发展概况

柘林的海洋捕捞业历史悠久，唐宋时期，随着百姓在海滨聚居，其业便逐渐兴起，但中华人民共和国成立之前海洋捕捞业发展缓慢。民国二十四年（1935），景况稍好。民国二十七年（1938），日军入侵南澳，渔区首遭其害。当年7月17日至20日，日本飞机一连四天轰炸柘林。其时柘林乡人口一万余人，渔民占70%左右。因日军战舰盘踞海上，渔民不能出海捕鱼，生活极为困苦。战后虽逐渐恢复，但捕捞产量不高。民国三十八年（1949），全县生产咸水鱼7 275吨。柘林、海山、汫洲、黄冈4个主要渔区有渔行（商）46户，水产品商贩400余户，海上加工运输船70余艘。其中，柘林有正记、海丰等渔行7家，水产品还销往汕头、潮州、澄海及兴宁、梅县等地区。

1953年，柘林渔区进行民主改革。1954年7月9日，柘林第一渔业生产合作社成立，成为全县第一个渔业生产合作社，生产力得到了解放，海洋捕捞业呈现新的发展面貌。1955年，柘林第一渔业生产合作社的拖船首次到惠来海面生产。1956年11月，柘林、大埕两个渔业生产合作社罛船136艘，首次远航至雷东县硇洲岛捕鱼。20世纪60年代初期起，渔船动力化和渔网化纤化的推广应用及灯光围捕作业的引进等，对促进生产力发展起了很大作用，但是由于“左倾”路线的干扰和“文革”的破坏，产业发展停滞。1955—1978年的24年中，产值达到或稍高于1954年水平的只有九个年份。1963年以前，海洋捕捞的渔船主要为木质帆船、竹（杉）排，靠人工或借助风力生产。1963年柘林渔队有18个生产队，共拥有捕捞船114艘，渔民820人。

1963年后，逐步实现渔船从木帆船到机帆船、从小船到大船的转变，渔场从浅海到深海，生产从手工操作到机械化、自动化，诱鱼捕鱼从凭经验到利用高科技设备转变。1966 年栢林渔队拥有机帆船 18 艘，其中 1～11 号机帆船为栢林造船厂制造，12～18 号机帆船从汕尾、海陆丰等地购进。1986 年栢林渔队易名为栢林渔业一公司。

海洋渔业大队主体为珠三角水上渔民，原拥有“七帆拖”渔船 4 艘，渔民近百人。1955 年加入栢林渔队。1960 年成立海洋渔业大队。1966 年拥有机帆船 6 艘，其中 1、2 号船系购进，3～6 号船是由原有的 4 艘“七帆拖”渔船改造为机帆船。1971 年 4 月 21 日，《中国新闻》第 6156 期刊登署名为“红饶”的《踏平南海万顷浪，一心革命多捕鱼》一文，记述栢林海洋渔业大队在 15 年（1955—1970）内使渔业总产值增长 5 倍，产品全部卖给国家的先进事迹。1980 年海洋队从虎门购进渔轮 1 艘（海洋 7 号船）。至此，海洋队拥有渔船 7 艘，渔民约 200 人。1986 年海洋队易名为栢林渔业二公司。2008 年易名为海洋社区居委会。

1978 年中共十一届三中全会后，栢林渔业进行深入的改革、调整。海洋渔业从原来以生产大队或生产队为基本核算单位，逐渐改为以船为独立核算单位。1980 年，开始实行个体、联合体联产承包制，承包后作业自主、船具自置、资金自筹、产品自销。养殖业普遍实行联产承包责任制，并适当延长承包年限。出现了家庭经营、股份经营、集体经营和中外合作、合资经营等多种经营形式。水产品购销政策也逐步放宽。1985 年全面取消派购，实行多成分、多渠道经营。1998 年，全镇有海洋捕捞船 56 艘，总吨位 1 279 吨，马力 365 千瓦。其中灯光围网船 2 艘（70 年代有 10 多艘），捕捞渔场为南澎、澎湖浅滩，作业范围至万山群岛及北部湾。海捕产量 3 298 吨，产值1 479万元。1999 年上半年海捕产量 1 040吨。

随着渔业资源逐年衰退，渔业成本逐年增加，海洋捕捞经济效益逐年下降，海洋渔业的生产布局也逐渐调整，因地制宜大力发展海水养殖业，压缩近海捕捞，开拓以“台湾浅滩”为主的外海渔场，保护和合理利用水产资源，较好地执行“捕养并举”方针。从 1999 年开始，农业部对南海海区实行 6—7 月伏季休渔制度。2000 年开始，农业部出台优惠政策鼓励海洋捕捞渔民转业转产，淘汰的渔船以资金补贴和项目扶持等优惠政策。2002—2005 年，部分渔船被淘汰，部分渔民转业转产。

同时，积极开展外引内联，发展开发性及创汇型生产基地，有效地调动了渔业经济的内在活力，发挥本地资源优势，渔业生产出现前所未有的兴盛局面。1980 年 4 月 21 日，栢林公社与香港和益发展公司合作经营海鲜生产的合同在汕头签约，合同期 5 年，港方投资 50 万元港币购置子母式机动船 4 艘，栢林方提供生产渔场。1986 年 4 月 20 日，栢林渔业发展公司与香港宝山咨询顾问有限公司签订《关于经营深海捕捞渔业合同书》，合作期限 10 年。1986 年 8 月，栢林海洋渔业公司与香港韩岛公司（韩国在香港创办的企业）合作，韩方提供渔船 4 艘（每艘 800 匹马力）和生产费用，栢林海洋渔业公司派员近百人，由徐昭开带领，于 1987 年前往我国渤海、东海、南海等地海域捕鱼，产品三七分成（韩方七成，柘林海洋渔业公司三成）。1989 年增加渔船 4 艘，共 8 艘，至 1992 年上半年中止合同。此为饶平与韩国首宗渔业合作生产。1994 年 4 月，柘林、大埕、海山三地海洋渔业公司与广东省远洋渔业公司合作，三镇人民政府购船（柘林 4 艘，大埕、海山各 2 艘，每艘载重 800 ~ 1 000 吨），由柘林海洋渔业公司李镇辉率队，航行 20 余天，3 000 余海里，抵达太平洋马绍尔群岛钓金枪鱼，至 1995 年返航。1997 年，柘林镇获“渔业万吨镇”称号。1998 年，柘林渔港对台贸易活跃，每天有 1 ~ 2 艘台湾商船进港采购海鲜产品，成交量 10 余吨，金额数十万元。2005 年，柘林镇有渔船 470 艘，总马力 3 100 匹。海洋捕鱼产量 2 560 吨。2013 年有捕捞渔船 13 艘，总马力 1 571 匹。

渔港（邓建忠摄）

养殖场之夜（邓建忠摄）

二、渔法

渔法就是利用渔具获取水产经济动物的作业方法。通俗地说，就是打鱼的方法。

柘林镇地处饶平县东南部沿海，三面环海，海岸线长 23.5 公里，海域辽阔，水产资源丰富，从事海洋捕捞的历史悠久。

自古以来，人类依靠自然资源进行采果、打猎、捕鱼，是最为原始的生存的方式，初时用棍棒击鱼，食用生食，后钻木取火，食用熟食。随着人类社会不断发展，渔具手工工艺也由初级发展到高级。如结网手工工艺经历了藤网—草网—线网—尼龙网的发展过程。加之，冶金工业的兴起，金属手工工艺渔具也应运而生（如钓类）。由于渔具手工工艺代代相传，不断创新，渔具、渔法日益完善。海洋捕捞成为饶平沿海的支柱产业。

明代朱彤的《崇武所城志》云："有傍岸渔猎者用拖网；有驾船出洋者用旋网、浮链或纶绾，不同的渔具，亦用于不同的季节，冬春则纶带鱼，至夏初则浮大链取马鲛、鲨、鲳、竹鱼之类，夏则撒鲎链，秋中则旋网取金鳞袍、绿毒等。"说明当时渔具已有钓类、网类和杂渔具。柘林渔民的祖辈大多从福建迁徙而来，因而渔具从福建带来，并采用闽南渔法。

民国时期，柘林的海洋捕捞业虽然已形成以张、刺、钓、围、拖五大类为主的作业方式，并出现繁多的杂渔具框架，但由于渔船都无机器驱动，因而渔具简陋、渔法简易，生产力低下的沿岸捕捞方式或风帆船使用的小型渔具渔法，长期没有大的变革和改动，因此这些渔具渔法仍然是古老作业方式的简单再继续。

中华人民共和国成立后，柘林海洋捕捞的渔具渔法不断进行更新、改造。自 20 世纪 50 年代中期起，所有非机动捕捞渔船逐渐装置机械动力，延续使用数百年的苎麻、棉纱等天然纤维渔具逐渐被合成纤维替代，网具编织由"一人一线一把梭"的原始而简陋的手工加工演化成以网图设计和机械编织加工为主的规范操作方式，海洋捕捞工具开始实现质的飞跃，生产技术水平显著提高。

随着时代的推进和科学技术的发展，20 世纪 80 年代中期以后，出现大功率、大吨位渔船，广泛采用先进助渔导航仪器，使捕捞渔具渔法又迈上一个新的台阶。传统的五大作业类型不断更新、改进，同时还不断引进新渔具、新渔法，逐渐发展成较大型、深水、机械化操作、生产效率高的捕捞渔具渔法。其内容和形式都更臻完善、合理、多样、创新，更有利于合理利用资源和捕捞生产。

1959 年，50 年代盛行一时的对渔业资源有严重损害的敲罟作业被禁止，高压交流电捕作业被严令查禁。另一些较原始、操作笨重、效率不高、局限性较大的敷网类、抄网类、掩罩类、陷阱类等渔具逐渐被淘汰。

笔者根据《东里志》《饶平县志》《东里大观》等史籍辑录的有关资料和对李世庚、冯惠生等多位渔队干部和渔民的采访资料，对柘林海洋捕捞的主要作业方式作综合整理，介绍如下：

（一）敲罟

敲罟作业是一种利用声学原理的古老的捕鱼方式。这种作业属大型集体性敷网渔业，通常每艚罟设罟公、罟母船各1艘，配小艇30多艘，由210～240人协同作业。渔网由18幅网片组成，全长155米（86浔，每浔约1.8米）。小艇放在大船上，大船航行至有鱼群的海域，再将小艇放到海面上。每只小艇上坐三人，一人摇橹，两人敲打绑在船舷上的木板，发出巨大的合音。由罟母船司号布艇，由指挥者观察，选定位置后，用旗号指挥群艇围成"人"字形的船队，小艇在大船旗号的指挥下，一齐敲响木板，逐渐前进。霎时间，数十只小艇一齐发出"梆、梆、梆"的巨大合音，声波传入海中，引起黄花鱼的耳石共振，导致它们神经紊乱、头晕眼花、狂躁不安，鱼群被船队赶着往前逃窜，鱼越聚越多，在海面上浮成一片，甚至把小船挤得歪来扭去。船队渐渐合拢，把昏迷的鱼群赶入大船张开的网中。待鱼群进入网阵时，大船上的渔民将渔网兜紧，只见黄花鱼如小山般堆积起来，从海面上拱起。渔民将大网兜拉到大船上，把大小黄花鱼统统捞入船舱，不一会儿船舱里就堆满了黄灿灿的鱼。每网可获鱼1～5吨，最多达10吨以上，俗称"敲全艇"（即船船满载），单位年产400吨左右。罟船主捕黄花鱼、赤鱼、黄鲫等。该作业自明末传入。抗日战争前，柘林、东界有罟船51艚，渔民7 650人，中华人民共和国成立前夕仅存4艚。20世纪50年代敲罟作业复兴，由柘林、大埕扩展到汫洲、海山，总数有10艚。柘林的"虎号""狮号""象号"等罟艚，连续五年获高产，每罟艚年产400吨左右。1954年，海洋捕捞业捷报频传，如"象号"在南澳岛东面的象头山海面下网，获"全艇"，是年全县罟艚产量达2 964吨，占当年全县海捕总产量的35%。每当敲罟船满载而归时，一筐筐大黄鱼被卸在码头上，堆积如山。即使你是陌生人，只要和渔民友好地打个招呼，就能随便拎几条回家。渔家妇女一齐出动扛鱼上市、入鱼行。渔家的小孩招呼左邻右舍的小朋友自带碗筷到渔船上吃鱼，吃饱后每人还可盛一碗熟鱼带回家哩！1956年后，粤东海域鱼汛退化，产量下降，是年冬，县政府水产部门组织柘林、大埕、汫洲三个渔业社4艚罟艚、136艘船、934人远航至雷州湾硇洲岛捕鱼，又连续三年创高产。1959年，鉴于这种作业方式对水产资源破坏严重，国务院严令禁止这种作业，遂被淘汰，数百年的大黄鱼时代遂告终结。曾经从事敲罟作业的木帆红头船，承载着古老的历史，也承载着渔民们酸甜苦辣的记忆。

（二）机帆围网

围网是用长带形（或长翼形）网在水中垂直张开形成网壁，包围或阻拦鱼群，在渔网中捞取渔获物的一种作业方式。其网具结构特点是网口大，两翼网特大特长，其长度为身网的3倍多，作业中除拦、围功能外，还兼有张、拖的功能，捕捞效率高。

机帆围网属光诱围网作业，盛行于20世纪60年代至90年代之间。捕鱼期以每年的初夏至秋末为旺季。出海时，一艘机帆船载着网具、网艇和三五艘“火艇”以及20多位渔民，在“船老大”的指挥下，到达目的地，然后放下“火艇”，晚上点起灯火诱鱼。“火艇”上有渔民1人，点亮三四支“大光灯”，然后静坐观察。海里趋光性的鱼群，会朝灯光聚集，艇上渔民一旦发现鱼群，就在灯上罩起红、绿、黄等不同颜色的布为记号，大船即驶上前，放下网艇，然后撒网围捕。这时“火艇”负有引诱鱼群的任务，等把鱼群引入围网之中，一切就绪，才可划出网区。最后由大船和网艇上的渔民协同起网，有时一网可捕获几百担鱼。渔民天一亮就返航回港，卸完鱼后，过午又再出海。这种作业主捕趋光性的“巴浪”“姑鱼”“强鱼”和鱿鱼。冬春季节，粤东海面风大浪高，鱼汛也差，渔船就转港到陆丰甲子等地渔场进行捕捞。

满载而归（张岚摄）

机帆围网作业于1965年从粤西引进，先在汫洲汫南渔队实验成功，后推广到柘林、东界、海山等地。1977年全县有机帆船64艘，7 849匹马力，年产量9 335吨，占海洋捕捞总产量的74%。20世纪80年代后，部分地区作业调整，产量下降。此期间柘林有机帆船27艘，其中柘林渔队有18艘，海洋队有9艘。一个作业单位有机帆船1艘，配备灯艇3艘，网艇1艘，劳力25～30人。网具属于“索罟围网”，起初为长120米、宽80米，以后随着鱼汛向外深海渔场转移，网的规格逐步增大至长350米、宽120米，网线用胶丝和尼龙线。诱捕灯具，开始用大光灯，后改用“水底铊铟灯”，光诱能力增强。导航、通信、探鱼和捕捞机械也逐步现代化。捕捞区域也从芹澎、北沟、甲子至汕尾之间扩展到台湾浅滩等外海渔场。1971—1974年曾到万山渔场一带生产，捕捞量不断提高。海洋队6号船1982年在本海区生产，年产达502吨，产值38万元。此期间，不少“船老大”因获丰收出了名，被称为“响口舵公”，如柘林渔队的李顺发、李涂猪、李舜有；海洋队的冯齐工、冯齐大、冯二根、李子臣等，都是捕鱼高手，备受赞誉。鱼汛期，柘林港热闹非常，仅本地及程南、程北、大港、上东等地的机帆船就有50多艘在此停泊，一派繁忙景象：渔船有序地停靠码头，渔民们将出海打回的鱼、虾、蟹等一箱一箱地从渔船搬运上岸，有的就地贩卖，有的由鱼贩批发贩卖，个个忙得不亦乐乎。码头上人潮涌动，熙熙攘攘；小门港水道上，本港船、福建船、台湾船……川流不息，还不时响起出海渔船的鞭炮声，热闹非凡。

（三）拖网

拖网是依靠渔船拖曳袋形网具在海中或海底前进，迫使渔具所经水域中的鱼、虾、蟹等捕捞对象进入网内的一种作业方式。

拖网作业在柘林已有一百多年的历史，它随着珠三角水上渔民迁移而传入。拖网分单船拖网和双船拖网两种。单船拖网是将渔网置于船的一侧，船一前进，网就张开，一般是半小时上一次网，捕获的是海水浅层的鱼虾，故又称“浮拖”。双船拖网则由两船组合，带动大网两端的粗绳前进，一般要一两小时才起网，网身沉底，捕获的大都是海水深层的鱼类，故又叫“沉拖”。20世纪60年代以前，都以帆船操作这类作业，需要较快的船速才能有所收获，因此必须有适度的风，无风不能操作，故“拖网”又被称为“拖风”。60年代以后，改用机帆船操作，无风也可作业，且速度更快，捕获量大增。

上述是大船拖网，还有小船拖网作业，俗称“敲鸟”，盛行于民国时期至1970年。用两艘小船拖一张网，每船3~4人。网具用桐油调和猪血染的苎网，主要作业区域在闽南的龙、虎、狮、象屿等海区，主捕鱼、虾、蟹、螺等。1968年曾一罾（二艘船）一次捕获上千只大棱子蟹（每只蟹壳长30~50厘米），也曾一罾一次捕获剑虾400多公斤。

1971年后网具不断更新，采用“密头辘仔网”，以力士尼龙为线，网口下缘加大，又附加铁链。1976年又改用蛇口产的“高口疏目快速拖网”，每领440~480目，目大16厘米。渔场扩展至北沟、芹澎、内澎圆和台湾浅滩，产量大增。是年，柘林镇与香港登保山渔业有限公司合营引进320吨级钢质拖轮4艘，春季5个航次，捕获大鳗、乌夹、赤鬃、鲳鱼、鱿鱼等优质鱼共680吨，产值140万元，柘林镇分得42万元，创汇6万多美元。

清末从珠江三角洲的顺德、宝安、番禺等地漂移到饶平沿海捕鱼的疍民，长期操作这类作业，船大桅高，在海上乘风破浪，十分壮观。他（她）们以船为家，日夜生产生活在海上，生产经验丰富，但也十分辛苦。1964年，饶平县人民政府和柘林公社帮助在柘林泊居的疍民到陆地上定居，当地划给土地建房，县政府每户资助人民币1 000元，统一建筑三层钢筋混凝土结构楼房10余幢，并于20世纪60年代和70年代先后让他们移居入室，落籍柘林镇。这些疍民成为柘林渔业的主力军之一，当年的柘林海洋队，就是以他（她）们为主体的。

（四）上罾

罾是方形的网。原用竹竿支起，网眼细密，才两平方米，主要用来捕小鱼。罾下到水里，在混浊的流水中乱冲乱撞或随波逐流的鱼一旦游进网中，罾鱼的人就收网，鱼的大小由鱼在网中冲撞的轻重程度来判断，有时网才收了一半，网里就发出“啪啦啦、啪啦啦”的响声，捕鱼的人就笑逐颜开。这种作业方式叫“擎罾”或称“吊网”，溪墘海边常见这种作业。

上罾据上述原理发展而来，上罾网比较大，长方形，宽 20～30 米，长 50 多米。每艚罾一般有 3 艘船：一对生产船，载着 2 只短竹排和网具，由生产船及竹排撒网和收网；另外还有一艘加工和运输船，将捕获的鱼及时载回渔港上市，生产船则继续捕捞。这种作业需要精明能干而且经验丰富的“船老大”。因下网往往在礁石旁边的空隙，虽然那里鱼群多，深浅度也适合作业，但是这种比较理想的网位屈指可数。“船老大”对每个罾位必须了如指掌，稍出差错，网就会挂到礁石上，被礁石撕得破烂不堪，甚至拉都拉不起来，更谈不上收获了。船老大在浩瀚的海面上，在漆黑的夜晚间，凭着经验，观望星斗，根据山门星位，指挥大家抛锚下网，极少出差错。下网后，即点亮汽灯诱鱼入网，两艘船分开守住四个网角，听号起网，有时收获颇丰，三艘船都满载而归。但罾船比较小，俗称“红头仔”，在茫茫大海中颠簸航行，十分危险，而且需要靠徒手摇桨走一百多里的水路，历尽艰辛，才能到达目的地。旺汛季节，经常出海十天半个月，但是船舱水柜里储存的淡水有限，因而，上罾人视船上的淡水如珍宝，食品及生活用品也常欠缺，实在苦不堪言。当地有一首民谣唱道：“芹澎竿桨真俨岖，涝水匆匆石原在。本欲舍去芹澎路，生计逼人去还来。”唱出了上罾人的苦境与无奈。

上罾作业大约始于清代末年，柘林有三几艚上罾船，大埕也有 20 艚，上东三几艚。作业区域在南澎、中澎、芹澎等海区。因罾艚多，好的罾位少，为避免纠纷，采用拈阄方法决定罾位，每年拈阄一次，最佳的罾位是“半洋东”（在南澳东）、“九浪礁”（在南澎与中澎之间），次之是新礁、下礁，再次之是二礁、三礁、佛仔礁等。能拈到好罾位的，就意味着新的一年有好收成，故拈到好罾位者就鸣放鞭炮庆贺。

（五）罾犁

罾犁作业可敷可犁，敷时叫“罾”（定置），拖时称“犁”（拖行），视鱼游特点而定，并配以灯光诱捕。汛期在每年的 4 月初至 9 月初，以 7—9 月最佳，捕捞区域以芹澎渔场为主，渔获以鲵仔、巴浪、姑鱼等鱼类为主。冬汛转为内海拖网，捕获对象多为鱼、虾、蟹类和螺类。罾犁曾盛行于柘林港，有百年以上的生产历史。民国二十三年（1934）柘林港有罾犁 88 艚。每艚有船 2 艘，劳动力 14 人。至 1950 年，该作业还有 51 艚，从业人员 714 人。后该作业被淘汰。

（六）放菱

放菱属网刺捕鱼法。即利用网目刺挂或网衣缠络，使鱼类被困住为作业原理的渔法。因渔网放在水中时，网目都呈菱形，故俗称“放菱”。这种作业于清代从外地传入，属浅近海作业，是栢林渔业的主要作业之一。放菱的渔网呈长带形，上下各有网绳，上置浮标，下嵌铅块，一般将网置于水深 20～30 米处，菱网在水中展开，鱼一碰到网，就会被刺挂或缠络住，不得逃脱。为了捕获不同的鱼类，菱网的网目大小也各不同，有菱仔网、马胶网、鲳鱼网、九目菱、虾菱等，渔民随鱼汛季节的不同而选择不同的网具。

20 世纪中叶以前，放菱都是渔民单身划着竹排，载着苎麻线织的渔网进行操作，既笨重，又劳累，渔民常早出晚归，有时为了赶上鱼汛还得夜间出海，日捕获量 1～20 公斤，偶尔也有获一百公斤以上的。20 世纪 60 年代以后，竹排改为杉排或小木船，并安上艇尾机（安装在船尾部的发动机），减轻了劳动强度，且人员可增至数人；渔网也改为胶丝网，轻便灵活耐用，效果更佳，又能抵达较远的海域捕捞，捕获量增加。一只杉排日捕获量达 200 公斤左右，有时可达 1 000公斤以上。20 世纪末，栢林放菱的机排、机船有数十艘。

渔归雕塑（杨展鹏摄）

（七）索罟

索罟属传统光诱围网作业之一，是季节性兼业。以一艘大船带两艘小艇，劳动力 8 人。原始作业时，诱鱼光源采用松木燃火，后改用汽灯，配以渔炮围捕，主捕兰圆鲹、金色沙丁等趋光性鱼类，渔场在南澎一带。1957 年，栢林有索罟 4 艚。1959 年，因该作业常使用渔炮作业，被政府禁止而淘汰。

（八）牵虾

牵虾（俗称“虾米牵”）是一对竹排（每只竹排一人操作）拖着一张裤裆式

的渔网，在离海岸数里以内的海面上捕捞。渔网一般分疏网和“网仔”两种，用苎麻线织成，比较沉重。疏网的网身长16米左右，网头连接40多米长的绳索；“网仔”的网身长11米左右，尾部较密（主捞虾及各种小杂鱼）。暑季为这种作业的旺季，一对牵虾排日捕获量5~30公斤，丰产时可达150公斤以上。20世纪90年代，出现以单人操作、单只小机排牵动虾网的作业方式，效益大为提高。此后由于海水污染、浅海鱼虾减少及其他原因，牵虾作业逐渐式微。

（九）拉网

拉网，俗称“搬网”，是将网具放入近岸水域，并在沙滩上拖曳网具，令捕捞对象集中到网笼里的作业方式。这种渔法历史悠久，自宋代起，就有简单的拉网捕捞。到了明代，曾任浙江佥事的大埕人周用卸任还乡，把浙江一带的拉网技术和渔网带到东界，使这一作业更趋完善。以前拉网，全是男性，海滩上，一大群男子赤条条上阵，撒网拉绳，起网时号声此起彼伏，与浪涛声相呼应，那是一幅古老、粗犷的原始渔猎图景，别有风情。20世纪70年代以后，妇女加入了拉网行列，拉网人才都穿着衣服操作。

伏季休鱼亦忙碌（邓建忠摄）

每年春末夏初至秋末为拉网作业季节。捕捞时，先由一艘木船载着渔网（原用苎麻线织成，后改为胶丝网或尼龙网）出海，把连接渔网一端的粗绳放在沙滩上，船划到千米之外的海域（在船前进的过程中依次撒下粗绳），将网撒下，再连接渔网的另一端的粗绳，由船带回沙滩，两端的拉网人就开始劳作（把绳索拉上来，并逐渐向中间靠拢），两端拉网者各有10~20人，拉一次网需1个多小时，直到把网拉上沙滩，鱼被赶到网笼里。捕捞区域主要在下岱埔海湾，也曾到福建东山岛等渔产较丰富的地带拉网。下岱原有二艚“网艚”，每艚在沙滩搭有“网寮”放置渔网及绳索，称顶寮和下寮，或称上艚和下艚。70年代全乡有4

罾。这种作业方式收获量虽不是很多（十多斤至数百斤），但鱼虾都是鲜活的，很畅销。有时也偶尔获得大丰收。如 1962 年农历四月二十八日，“下罾”在“大汕头”海区下网，一网捕获一百多担“温仔鱼”；二十九日“上罾”在“路口”海区下网，一网也捕获一百多担“温仔鱼”。这两夜，下岱乡劳动力齐出动，通宵达旦挑鱼到水产站。当时《汕头日报》对这一消息做了专题报道。2004 年，随着大唐电厂落户下岱埔，拉网的作业场地不复存在，下岱乡的“网罾”随之解散，拉网作业的情景只能留在老辈人的记忆中了。

加工渔产品（邓建忠摄）

（十）钓鱼

钓鱼是人类最古老的渔法之一，把钓钩系于钓线上，并装上诱饵，诱鱼吞食上钩，或者采用一排排密挂着锋利空钩或饵钩，横布于鱼类洄游的水道上，使游过此处触及钓钩的鱼类上钩。柘林的钓具作业，种类繁多，有延绳钓、曳绳钓、竿钓和手钓四种类型，是一种有效捕捞分散鱼群的渔具。这种方式受自然环境影响较小，能在流急礁多、一般渔具难以发挥效能的渔场进行捕捞。钓具成本低，渔获质量高，对资源损害小。西澳岛的钓业为饶平县之最，出现了不少钓鱼高手，过去一天钓数十斤鱼也是司空见惯的，而且钓到的鱼都是价值较高的优质鱼。20 世纪 70 年代后，大兴网箱养殖石斑鱼。柘林有近百艘小机船到南澎列岛、台湾浅滩钓石斑鱼，收入颇为可观。1981 年至 1985 年柘林镇与香港商人合作制造海鲜出口运输船和钓艇，使鲷鱼、石斑鱼钓业发展迅速，同样获得可观的经济效益。还有一种“放钩钓”的作业，用船在海中放置许多挂着活虾等鱼饵的大钩子，专钓鳗鱼或较大的鱼，鱼贪吃上钩，成了渔家的猎物。随着海洋环境的变化，浅海的鱼虾减少，自 90 年代起此项作业逐渐减少。

（十一）闸泊

闸泊，是近岸浅海最古老的作业方式之一，是把网具定置在水域中，利用水流迫使捕捞对象进入囊网的一种捕捞方式。在退潮之时先把渔网埋在海滩土中，潮涨时，鱼虾随潮水涌入，等到潮水涨后，就把渔网迅速拉起绑于原先插牢的竹竿或木桩上，潮退了，鱼虾蟹都被网闸留在网围里。这种作业捕获量不那么可观，但偶尔也有丰收的时候，民国初年，在柘林乡前的一个面积只有 20 多亩的盐埕围口闸泊，一大群乌鱼鬼使神差地游进网围里，渔民竟捕获了 300 多担乌鱼，这是柘林闸泊史上一次史无前例的丰收。20 世纪 70 年代由于围海造田以及后来大兴浅海滩涂养殖业，闸泊失去了生产场地而告终止。

（十二）车罾

车罾，是一种借助木制车拉起放在海里的罾网的个体作业方式。罾网呈正方形，大小不等，有边长十多米的，也有六七米的。用四根竹篙绑成两个十字交叉的半圆形，四根长竹篙一端系住网的四角，将网撑开。一根长十米左右的木条做罾杆。罾杆的一头固定在岸上，另一头吊绑着用四根竹篙撑开的方形网。一条长绳子，系在四根竹篙的交叉部位。有的将网架搭置于岸边或小屿礁石上，有的则在浅海上搭棚置网架，人站在岸石或棚上，拉住长绳，将网平放入水中。若察觉有鱼游进网里，就缓缓拉动长绳，吊起方网，鱼就会落到网的中央。再用一种可以从网中捞鱼的工具“舀捞”，伸到方网中间，将鱼舀起来。然后，再重新将网放入水中。固定的“车罾”网较大，但只能守株待兔，不能随便转移。也有将网架安装在杉排或小舟上的。杉排或小舟上的罾网较小，但较为灵活方便，哪里有鱼，小船或杉排就可驶到哪里捕捞，且可置灯光诱鱼。车罾以前收成较好，自从小机船盛行之后，浅海鱼虾大大减少，这种作业方式也逐渐被淘汰了。

车罾杉排（邓建忠摄）

海水养殖业

海水养殖是利用浅海、滩涂、港湾、围塘等海域进行饲养和繁殖海产经济动植物的生产方式，是人类定向利用海洋生物资源，发展海洋水产业的重要途径之一。海水养殖的对象主要是鱼类、虾类、蟹类、贝类、藻类等经济动植物。柘林镇三面环海，与南澳岛隔海相望，海岸线长23.5公里。海水养殖历史悠久，早在唐宋时期有人在海滨聚居时便出现了牡蛎、花蛤、海虾等贝类养殖。20世纪50年代以来，海水养殖业起伏较大。50年代初，通过民主改革，划定海滩涂经营权，生产稳步发展。60—70年代，由于围海造田，传统放养牡蛎、花蛤、海虾等贝类的大部分场地不复存在；同时，由于水利建设，兴建山塘水库，注入海区的淡水量减少，生态失去平衡，单产随之减少。80年代起，经过体制改革和生产布局调整，把海水养殖业列为发展外向型经济的重点项目之一，引进对虾、太平洋牡蛎养殖并发展网箱养鱼，海水养殖业得到恢复和发展，并带动了运输业、水产品加工业、销售业及其他第三产业的发展。西澳岛摩崖镌刻着官府关于划分海界的告示，此海界石见证了柘林海水养殖业的悠久历史。如今，柘林湾是中国最大的海水网箱养殖基地之一。

一、贝类养殖

柘林的海滩涂贝类养殖，主要有牡蛎（俗称蚝）、海虾（俗称薄壳）、鲍鱼、花蚶、翡翠贻贝（俗称“青匙”）等几种。1998年，全镇贝类养殖面积1 500多亩，2005年3 100多亩，2013年近3 000亩。

（一）养牡蛎（俗称养蚝）

柘林养蚝距今已有六七百年的历史。康熙《饶平县志》载，明万历十八年全县列入征赋的蚝丘面积达1.22万亩。1940年《广东经济年鉴》（第13章）载：“饶平（蚝）年产312.5吨，价值15万元。”1957年全县养蚝面积3.18万亩，蚝黄产量1 951.9吨。不言而喻，上述史料中关于面积和产量的记载，也包括柘林。20世纪60年代，柘林围海造田，原来的大部分蚝丘已不复存在了。

传统的养蚝方法是，以石块为附着物，投入海滩涂中，靠其天然附苗繁殖生成。昔年柘林23.5公里海岸线对应的浅海区，近江牡蛎布于低潮线下，潮退时可见到嶙峋突起的蚝埕，横亘数里之长。蚝埕呈“瓦弹形”畦列，畦间留有通沟。每亩投石量0.2万~0.3万块，每块高43~50厘米，重10~20公斤，呈三角锥形，作平流排行，行距30多厘米，石距约5厘米，立于畦上（采苗期做人字形排立，成苗期单立）。通常春夏投石，其间整畦托石2~3次。小蚝当年或翌年春便可收获，亩产50~100公斤。大蚝需2~3年方可收获，亩产150~200公斤。

1985年，饶平县水产部门从福建东山、平潭两地引进新品种——太平洋牡蛎，由汫洲镇汫平居委在三百门海区试吊养成功。随后，柘林等地效法。这种放养法，可省去石料，养殖场可扩至内海湾低潮线2~5米海区，生长期比传统放养法短，经济效益较好。至1987年全县已吊养720台，共0.1万串，壳苗1万多片，面积约720亩。（柘林的吊养面积包括其中）

大蚝（邓建忠摄）

采蚝归（邓建忠摄）

柘林，那迷人的滩涂，宽阔的海面，神奇的光影，璀璨的霞光。如诗如画，令人回味。

（二）养鲍鱼

20世纪90年代柘林镇开始养殖鲍鱼。1996年广东金曼集团金江水产有限公司投资820万元，在柘林湾畔林场旁兴建柘林鲍鱼场，占地面积12亩。1997年1月24日，该场鲍鱼养殖获得成功，售出鲍鱼1 000多公斤，创值24万元。1998年全镇有鲍鱼场5家，面积110市亩，养殖水体1.5万立方米，主要品种有九孔台湾鲍，主要饲料为海带、裙带菜和龙须菜。有工厂式鲍鱼场4家，投资4 160万元，其中鸿桦水产养殖有限公司投资2 500万元，建养殖池80个，水体1 900立方米；台湾顺亿水产有限公司建育苗池400个，养殖水体6 500立方米。

（三）养海蚶（俗称放薄壳）

海蚶，也称海瓜子，学名寻氏肌蛤。闽东一带俗称乌鲶，闽南称海蚶，潮汕称薄壳。它壳甚薄，体表有黏液，不仅味道鲜美，而且富含蛋白质、铁、钙等多种营养元素，还具有调节血脂、预防心脑血管疾病、平咳喘等功能，是一种营养价值较高的大众化海产品。由于它繁殖力强、分布广、生长快、产量高，因而又是对虾养殖的重要饵料来源。薄壳多生长于内海区水深2~10米的潮间带，海水咸淡适中，少受污染，有阳光适当照射的滩涂。它们群聚生活，其贝壳内的肉体长着一条条宛若丝线的韧带伸到体外形成足丝（潮汕人称之为“薄壳磴”），几十个薄壳的足丝连到一起，并附着在岩石或泥沙中，常成片粘连成“薄壳埕”。薄壳生殖腺成熟时雌性呈橙黄色，雄性呈乳白色，每年8—9月产卵繁殖。幼苗生长至翌年清明节前后便可移播放养，至8月开始收获，10月基本收完，一般亩产1.5~2吨，高产的可达6吨。薄壳养殖是潮汕地区首创，是海水养殖的主要品种之一。

采薄壳在潮汕称之为“洗薄壳”。采薄壳的人在清晨三四点就得出发，把船驶到“薄壳埕”，然后裸体潜入冰冷刺骨的海水中，憋气倒爬执着“割靴”（前端带有割刀的网袋），将薄壳连土割入网袋，再由船上的人协助拉上水面，将薄壳土倾倒进绑在船舷的大篾垒中，由专人洗去泥土。必须是水性好、体魄壮的成年男性才能胜任这样连续的作业。

在物资匮乏的年代，海边人的餐桌上除了逢年过节菜色较多外，平常三餐都离不开咸菜、萝卜干、咸薄壳这些佐料。农历8—10月海水大退潮时，男女老少齐“赶海”，柘林镇前的“线顶”（地名）和董家井海区在约一米深的水下滩涂上有野生的薄壳，大家忙将薄壳土装进“网靴”（洗薄壳工具）里洗净，就露出一串串肥美的薄壳。潮涨时结束作业，肩挑手提地回家去，除少量煮熟食用外，大部分薄壳用盐腌制后存放于陶瓮中，作为日常用餐佐料。

薄壳吃法各异，以“白烫”最为清甜。人们最喜爱的吃法是将它们炒了，配上“金不换”（又称九层塔），肥美的薄壳与金不换浓郁的香味交融在一起，那味道是让人魂牵梦萦的。“炒薄壳”要准备适量的金不换、蒜丝、姜丝、红辣椒；将薄壳洗净沥干水分，并将炒锅烧热，放入少量食用油，爆炒姜、蒜、红辣椒；闻到香味后，倒入薄壳，适当翻炒，并放入适量盐，加入适量开水，放入金不换，盖上锅盖焖2分钟左右，待薄壳在锅里裂开之时，立即熄火装盘。吃薄壳跟嗑瓜子一样，一个接着一个，吃到最后剩一堆壳，潮州人谓之“薄壳山”。还有加工成“薄壳米”的，其加工过程较为烦琐。绞打、浸漂、上锅、过篱，必备工具是一口大锅和一束大竹刷，制作场面壮观。“薄壳米”可蘸普宁豆酱作小菜，配白粥；或用新鲜的薄壳米，拌猪油、芝麻油和香菜，美味无比。

柘林养殖薄壳的主要区域在“线顶”、蛇屿至“董家井”一带的浅海滩涂。1966年12月，柘林公社发动社员围海造田，1973年1月围垦工程竣工，围海面积0.25万亩，“线顶”的薄壳养殖场被围在“柘林围”中了。从此，柘林海域可养殖薄壳的场地很少，但放养薄壳却成为柘林人挥之不去的记忆。

二、鱼虾养殖

（一）对虾养殖

饶平县的对虾养殖始于1979年，由汕头地区水产局和饶平县水产局合作，在大澳鲻鱼试验组和海山区开始试养，后逐步推广，全县兴起养虾热。柘林镇将柘林围及后井围、西澳新乡围、花园围等盐埕围改造为虾池，主要放养中国对虾、斑节对虾、日本对虾、长毛对虾、沙虾等。放养方式有混养、套养、轮养等，杂以放养贝类和小杂鱼。1981年，广东省水产局投资25万元兴建柘林对虾育苗场，有422立方米水体。1983年春，该场人工孵育对虾苗1 043万尾，供县内放养，平均亩产51.3公斤。1998年，全镇有对虾养殖面积1 300多亩，年投虾苗5 000多万苗。2005年，全镇对虾养殖面积1 930亩。2009年5月，进港公路（324线碧岗路段至大唐电厂）工程开工，柘林围的部分虾池被填为路基，全镇对虾养殖面积尚有约1 200亩。2013年虾池养殖面积近1 000亩。

虾池之晨（邓建忠摄）

对虾（杨展鹏摄）

（二）网箱养鱼

网箱养鱼是把由网片制成的网箱（箱笼）放置于一定水域中进行养鱼的生产方式。网箱多设置在有一定水流、水质清新、溶氧量较高的水域中。可实行高密度精养。

20 世纪 80 年代，网箱养鱼在柘林逐渐兴起。1983 年，汕头地区水产进出口公司为寄养活鱼待价出口，从香港引进网箱设备置于柘林镇龟屿海区，把收购的石斑鱼寄养起来。柘林渔民李培辉、李永豪等人受到启发，于 1985 年联系几位同行合资仿造网箱 2 个，以养鱼长膘为目的，从当地收集小活鱼试养，当年获成鱼 125 公斤。1986 年柘林有养殖户 20 多户，322 个网箱。放养鱼类有石斑鱼、鲈鱼、真鲷、黄鳍鲷、龙虾等，是年共获鱼产量 4 300 公斤，产值 43 万元。一个养得较好的网箱年产值 2.4 万元，扣除生产成本，纯利润可达 1 万元左右。此后，发展更快，至 1987 年全县养殖区域从东小门扩展到大金门、小金门、乌礁、澄饶联围共 5 个基地；放养的鱼类品种从一种发展到 30 多种；防病技术从表面消毒发展到内服外治及注射疫苗等方法，并制定和推广《海水网箱养鱼通用技术要求》和《海水网箱养鱼操作技术规程》，使养殖产量大幅度增加。1987 年全镇养殖网箱增至 800 多个（体积 8 000 立方米），年产量增至 50 多吨，产值 500 多万元。

1993 年柘林镇政府开始进行海水鱼的人工育苗试验，并取得成功，全县推广。至 1999 年全县共有海水鱼育苗室 10 家，七年共培育鲷科及鲈科鱼类苗种上亿尾，保证了全县种苗的供给。

1998 年，全镇海水网箱养殖 4 000 多户，养殖网箱 2 万多格，面积 167 938 平方米（92.3 公顷），年产鱼 3 917 吨，产值 1.566 8 亿元。

柘林养殖户采用浮式网箱，其制作方式是：采用 1 ~ 1.5 寸镀锌管作为外骨架，有 2 ×3 ×2 等规格；浮筏（兼做作业通道）为木板（宽 25 ~ 30 厘米，厚 5

厘米以上），浮子一般采用塑料桶或泡沫浮筒，紧绑于浮筏下面。把网箱悬挂于浮力装置上，随水位变化而浮动，其有效容积不会因水位的变化而变化。这种架设方式主要适用于水体较深、风浪较小的海区。由于网箱离海底较高，也可转移养殖场所，保持良好的水质条件并保证能在强台风来袭之前转移到较安全的海区。

采用浮式网箱养鱼，一般在春分前投入幼鱼，密度每立方米为 8 ~ 15 公斤，每公斤 12 ~ 20 尾鱼。饲料以小鱼或低值鱼为主，按不同的季节和鱼体重量投给适量饲料。养殖区域由原来的龟屿与蛇屿之间的海区发展到大金门海区；鱼苗从野生苗种发展到人工培育苗种；养殖品种从数种发展到 30 多种；并由简单放养发展到放养、加工、销售“一条龙”。

龟屿网箱养殖区（张岚摄）

网箱养鱼（邓建忠摄）

鱼排的日常管理，除了常态的投饵喂养外，还要做好网箱检查、污物清除、预防检查、鱼病预防等项工作。如在预报灾害天气时，应对网箱进行检查，确保安全，有必要躲避大风大浪时，则把网箱移动到安全区域。当水位变化剧烈时，还要随时调整网箱抛锚的绳索，以免发生意外事故。当灾害性天气过后，要仔细检查，发现问题及时处理。

在柘林大金门与龟屿、蛇屿海区，一片片的鱼排井然有序地布列在那绵延数平方公里的海面上，犹如一座生动的海上浮城，这浮城中小木屋林立，小舟穿梭，白鹭自由飞翔，被媒体誉为“海上牧场”。入夜，海面上万家渔火，宛若海市蜃楼，景象万千，让人流连忘返，这就是潮州新八景之一的“柘林渔火”。

2005 年，柘林海水养殖面积 8 925 亩，总产量（包括海捕鱼产量 2 560 吨）1.73 万吨，产值 1.30 亿元。

海上牧场（肖建生摄）

2008 年 9 月，饶平金航深海网箱科技开发有限公司在柘林湾外青屿海区建设大型的深水抗风浪养殖网箱基地。该项目占海面积 42 公顷，计划总投资 4 000 多万元，建设深水网箱 50 组共 200 格，每年可产各种优质鱼 3 000 吨。配套建设码头一座，水产食品冷藏加工厂、饲料加工厂各一个。该项目的建设对提升饶平传统的网箱养殖业，带动柘林湾内浮式网箱向湾外发展，降低湾内的养殖密度，促进海水养殖业的产业化经营和可持续发展将发挥积极作用。

2010 年，全镇拥有浅海养殖网箱 2 万多格，面积 2 300 多亩；滩涂池塘鱼类、贝类养殖 8 000 多亩；深水抗风浪网箱养殖 44 组 176 口；培苗场（包括培苗池塘）10 多个。柘林湾海域被列为国家海域管理示范区，金航深水抗风浪网箱养殖基地成为粤东高科技抗风浪深水网箱养殖示范区。包括大小金门养殖基地的养殖品种主要有鲕鱼、金鲳鱼、美国红鱼、鲈鱼、真鲷、石斑鱼、赤嘴鲵等。金航公司着手创建深水网箱养殖产业园区，并以“公司 + 基地 + 渔户”的经营模式，引导、吸纳一批浅海养殖户加入深海网箱养殖行列中，逐步实现海水养殖业从浅海向深海转移。

2013 年，柘林镇渔业产量 1.72 万吨，产值 1.33 亿元。大小金门浅海网箱养殖区共有网箱 1.8 万格，青屿金航深海网箱养殖区双浮管深海网箱可供养殖 100 口。2014 年，全镇水产品产量达 1.9 万吨，产值 1.4 亿元。大小金门浅海网箱养殖区共有网箱1.8万格，青屿金航深海网箱养殖区双浮管深海网箱可供养殖100口（受台风“天兔”影响前有76组304口）。

当前，饶平县正乘着大发展的春风，着力打造海洋蓝色经济生态示范区，努力实现跨越式发展。

青屿深水网箱养殖（杨展鹏摄）

养殖场一角（邓建忠摄）

夕照海滩（肖建生摄）

盐　业

食盐是人类生活的必需品，盐税收入是历代官府的重要财政收入来源，国家对盐业的控制很严，盐业与国家的经济、政治、军事甚至社会、文化的发展都有密切的关系。

潮州地区的制盐业历史悠久，据文献记载汉代已有南海郡盐官。唐宋时期潮州已有盐场，供应本地及循（今之惠州、河源、梅州的大部分地区）、梅（程乡）二州。相关志书记载，明初广东共有十四个盐场，后改为十三个，潮州有招收、隆井、小江三场。清初因禁海、迁界，盐场一度荒废，生产中断，原供应之埠市曾一度出现盐荒的现象。复界后，盐业生产发展较快，潮州盐场不久便增至七个：东界场、海山场、河东场、河西场、惠来场、小江场和隆井场。

盐税是政府税收的一个重要部分。明代，随着潮汀赣梅的经济联系更加紧密以及潮州区域经济中心地位的逐步形成，以潮州府城东的广济桥为中心的盐道得到发展，运往赣州的潮盐进一步西进，万历十八年（1590）官府“从（龙川、和平）二县民议，愿食潮盐”，可食用来自广济桥的盐货，于是盐商“运至长乐县，过清溪岭，入龙川、和平二县”发卖。运销汀州的潮盐又进一步东扩，“漳之远鄙，亦毂于潮矣”。于是，随着潮州运往汀赣梅以及周边地区的食盐及其他物资日益增多，扼其通道的广济桥日益重要。万历年间前往广东进行实地考察的刑部官员王临亨曰：“潮之广济桥，西连潮城，东接韩山，中跨恶溪，横亘二里许。”“粤税之大者无过此桥。”广济桥成为广东的一大税收中心，其税收额之多已为全广东之冠。（林济《潮商史略》）清代盐业也是国家控制下的手工业生产，盐场虽由商人经营，但盐场和盐丁须经官方注册登记，批准后按不同等级核定税额征税，并接受管理监督。凡无登记者一律视为违法生产之私盐，一经发现即要究办治罪。在管理上，清以前设提举司，清初设巡盐御史，康熙三十二年（1693），设广东盐运使司，潮州的广济桥为广盐配额运销的重要分点，故设一员盐运使副官称“运同”作为专管，官署设在三河坝。康熙四十五年（1706）裁撤，归并潮州府管理。雍正二年（1724）恢复“运同”设置，驻潮州府城，下设知事一员，盐课大使七员，管理七场盐课。

清代潮州各盐场产出皆为生盐，采用较为先进的晒盐法，既节省燃料，也节省人工。在康熙后期及雍正年间，潮州盐业的生产规模不断扩大，于是各地新建了很多盐仓。如雍正十年（1732）在白窑村新建盐仓40间，十二年（1734）又新建9间；雍正十三年（1735）在东关卧石岭新建盐仓4层32间，乾隆二年

（1737）又建17间；乾隆二、三、四年（1737—1739）在惠来栅新建盐仓106间；小江场也于雍正六年（1728）、雍正八年（1730）、乾隆二年（1737）新建盐仓共18间。据《两广盐法志》所载数据，潮州府七场额收的盐占广东全省的1/4，可见清代潮州府盐业规模之大。

清代盐业的运销基本上由商人经营，但运销的目的地和数额均有比较严格的制度，由政府主导控制，即实施“盐引制度”。“盐引”是政府给予盐商运销食盐的凭证，指定地点配盐，指定路线运输，指定地点行销。广盐分省配、桥（即潮州广济桥）配和场配。潮州七场所产食盐，主要供应潮汕本土、粤东北客家地区、江西和福建部分地区。供应潮汕本土者，各场就近配销，称为场配。除此之外，七场所产食盐多数运往潮州广济桥应配（即桥配），沿韩江配销粤东北的丰顺、大埔、嘉应、长乐、兴宁、镇平各埠，江西的雩都、兴国、会昌、宁都、瑞金、石城各埠，福建的长汀、宁化、上杭、武平、清流、归化、永定各埠。再由各地子埠到总埠领盐销售。各场还有小部分盐包经各港口运往佛堂门、虎头门查验后，运抵东汇关应配（即省配）。

柘林盐场宋时属小江场管辖。《元一统志》载，小江场勾管司（洪武二年改称盐课司）管辖柘林等17栅。清初复界后，柘林盐场属东界场盐课司（设于黄冈）管辖。本文就柘林盐业发展的概况叙述于下：

一、得天独厚的地理环境

柘林镇位于南海之滨，西南濒柘林湾，海岸线长23.5公里，有可供开发为盐埕的海滩涂面积大，大汛海潮直达岸边，海水浓度随着季节的变化和潮流的影响，时高时低，一般在2°B′e～3°B′e之间，1立方米海水可产盐19公斤。这里光热能量充足，年均日照时数为2 148.4小时，年太阳总辐射量达125.64千瓦/平方厘米，年平均气温为21.4°C。年平均降雨量1 464毫米，降雨多集中在4—9月（盐业淡季），降雨量达1 192.8毫米，占全年总雨量81%；其余6个月（10月至次年3月），降雨量仅占全年总雨量的19%，是晒盐的旺季。柘林镇具备利用海水晒盐作业的地理环境，得天独厚。柘林人利用优越的自然条件，坚持不懈围滩堵海造盐田。盐民们依靠一根扁担、两只畚箕和一把盐耙，在烈日下日复一日、年复一年地辛勤劳动，创造了昔年盐业生产的辉煌业绩，使柘林成为明清时期饶平四大盐场（柘林、大港、大埕、高埕四栅）之一。

二、中华人民共和国成立前的盐业

柘林居民利用海水晒盐历史悠久。据史籍载：宋时，潮州已有招收、隆井、小江盐场3处，其时柘林栅盐区属小江场盐课司管辖。（《潮州府志》）明成化十三年（1477）饶平置县后，盐业生产因其资源丰富，成本低，收益大，一直是柘林、大港、大埕、高埕四栅居民的一项主要作业及经济生活来源。明正德四年

（1509）饶平县知县钟卿密（江西泰和县人）的《东界纪事》诗中有“斥卤利丰人易足，桑田水满岁宜耕”句，“斥卤”说的是“制盐业”。明万历二年（1574）陈天资编修的《东里志·物产志》亦载：“吾里居于岭南之表，东海之滨，地多斥卤。土人以晒盐为业，贩卖营生，利也不少。”“东界场所辖四栅，大港、新村、下湾、柘林共盐田三千八百三十四漏，晒池九千三百五十五口。”（《东里志》2001年版第132页）每年额收盐81 150包。清雍正十一年（1733）后，饶平的盐区才逐渐扩至海山、汫洲。

明清直至民国时期，盐税是地方财政资金来源的主要支柱，是仅次于田赋的财政收入重要来源，《东里志》就收录了《议征盐》《开盐禁》《奏盐户》三篇公文，可见盐税备受历代政府的重视。明万历四十八年（1620）饶平境内专设盐政。清光绪三十四年（1908），饶平县征盐税银759两。各场税额：东界场（包括柘林、大港、大埕、高埕四栅）603两，海山场156两。盐厘属劝捐性质的临时征收，咸丰二年（1852）开征，目的是供充军费和赔款。饶平县于清时设有厘金局和关卡，正税口在黄冈，分税口在鸟塘。盐厘归厘金局负责征收，正引每包抽银2钱，积引或融引每包抽银4钱，补引每包抽银2钱。此外，每百两盐厘带征银7钱。光绪七年（1881），为解决抽厘费用，盐商交纳厘金时按包加收银4钱。（《饶平财政志》1997年版第72页、82页）

盐堆似银山（杨展鹏摄）

饶平沿海居民称盐田为“盐埕”，称务盐为“耙盐埕”。生产的是“生盐”，采用的是“滩晒制盐法”（即在海滩晒沙设漏床沁出咸水，再在结晶池蒸晒制成“生盐”的方法）。《东里志》对这种作业方式作了如下的描述：“汛期，春冬八九日一汛，夏秋六七日一汛，盐颗大色青……按盐有生熟，吾里所产皆生盐，故不以灶称。收晒之法：先耙沙，洒水晒之，晒令咸，实诸漏中，复用水灌其上，俾淋漓下注成卤，伺天气晴朗，浥埕格中，晒结成盐。晌晚晒丁次第耙收，归仓存贮。有溢于仓，则露积高埠，用草苫盖之。”（《东里志》第132页）这种原始的生产工艺一直延续到1958年。

“滩晒制盐法”的生产场所是盐埕，故首先要在海滩上筑堤围滩造盐埕。柘林有诸多盐埕围，如柘中北村的东兴围、后井围、跃进围3围；内里村的东畔围、西畔围、文昌祠围、林厝围、鼓丁围、扩建围、新围、后埔围、埔仔围、围仔、新埕仔围、猴埭围12围；下岱村的竹闸围、大围、姑婆前围、内新围、外新围、五邦埭围、金围、银围、赵厝围、浮埭围、四块仔围、陈厝围12围；西澳村的涵口围、澳肚围2围。全镇有盐埕800多漏，年产盐约4.3万担。

盐田（邓建忠摄）

1958年以前，柘林的盐埕都是“沙埕”，每一单元称为“一漏”。盐埕围中的盐埕一漏接一漏，整齐地排列着，沟渠环绕，纵横交错。阳光下，结晶池里或卤水波光粼粼，或盐晶银光闪闪。傍晚盐民收盐成坨，如座座银山，洁白耀眼，构成一幅写意的人与自然和谐图。每漏盐埕的面积1.2市亩左右，在此范围内构筑三个作业区。第一个作业区是晒沙场，由两块面积大致相同的场地组成。每块场地需三面有海水沟渠环绕，场面上覆盖一层约8厘米厚的沙，这是极细微的墨绿色沙子，从福建东山岛海滨运载来。把这些幼细的沙子平铺在晒沙场上，再用铁耙拖平拉松，然后沿着环绕的三面沟渠中舀海水依次均匀地喷洒在沙子上，俗称“雾埕”。让阳光蒸晒，去其水分存其盐（氯化钠）于沙子中，晒干了再喷洒海水，每天喷洒2~3次，直至沙子出现“盐花”，即可将沙子挑进漏床中。第二个作业区是漏床。即用灰砖砌筑成高约80厘米的长方形漏斗。这是存放经喷水蒸晒后饱含氯化钠沙子的地方。漏床的两侧有沟渠，可舀水入漏床，用海水洗刷沙子上的氯化钠，将过滤获得的卤水引入结晶池，若天气不宜晒盐，则令卤水流

盐业生产（邓建忠摄）

盐工雕塑（杨展鹏摄）

入卤桶中。第三个作业区是结晶池和卤桶（卤桶是用木料做成的圆形大桶，埋于两格结晶池之间的地下，作为贮存卤水之用）。结晶池是由两格大小相同的池格组成。每格四周筑5~6厘米高的涂堤（也可用石条或砖条砌筑），池格里的地面用“大沙鼓”（即大粒的石英砂）密集地嵌铺于海泥土上（后来采用陶片、瓷片或红砖取代“大沙鼓”）。需先用石碾子将结晶池碾平，称“碾堀”，再洗净池格，称“洗堀”，然后排干水分，曝晒。一切准备就绪，且天气晴朗时，放卤水入池，待卤水晒至一定的饱和度，将少许生盐均匀地撒入结晶池中，称“撒盐母”。新结晶的盐粒会在“盐母”周围逐渐生长开来。此后，就是“打盐花”和“打盐镜”的工序。因卤水蒸发是在卤水表面进行的，晶核也会在卤水面层形成，当太阳辐射较强、蒸发量较大，而又风平浪静的时候，卤水表面形成的晶核优先得到生长，成为片状或漏斗状的“盐花”飘浮在卤水表面上。当这些“盐花”遮盖了卤水表面，会挡住太阳光的辐射，减少卤水及池底的吸热，阻止水分子逸出，影响水分的蒸发，使产量减少。另外，这些“盐花”不能成长为坚实完整的大粒盐，且夹带母液多，质量差，所以一旦发现“盐花”，就必须打沉。“打盐花”一般选择在上午12时至下午2时，用盐耙等工具推动卤水，形成波浪，“盐花”立即下沉，当池角沉积的盐花较多时，要用木耙将盐粉推出池外。接着是“松盐”，新开晒的结晶池第一次松盐要用收盐耙，且要用力来回推拉，使粘在池底的盐粒松动；对已长满盐粒的池可用带齿的耙或滚筒形的工具松盐。待生盐结满池或遇天要下雨时，即“收盐”。收盐是将结晶池中的盐扒收起来，俗称“耙盐”。收盐时用盐耙将盐从结晶池的各个方向扒收至中心堆起，再将其扒收至畚箕内，挑至两格结晶池中间预设的小盐坨，盖上草毡，待收购进盐仓存放。另外，由于受天气、卤水等影响，每次产出的原盐在晶体的大小、纯净度上略有不同，因此在堆放时以分别堆放为佳，待盐务人员抽样化验，定出一、二、三等盐。

清代至民国期间，制盐业出现两次大的挫折。一是清初，清政府实行海禁，沿海居民被迫内迁50里，盐业生产一度荒废。迨至康熙八年（1669）两广总督周有德等会勘迁界，并依命宣布开复，准许内迁民众回籍复业（《饶平县志·大事记》1989年版第15页），制盐业才逐渐复苏。二是民国二十八年（1939）日军侵入潮汕后，制盐业大受挫折，盐民被迫转产，盐业生产每况愈下。

晒盐是靠天吃饭的作业，阳光最强烈的时节，对晒盐人来说是黄金时光。炎热的夏天，海边艳阳高照，人们正在纳凉休憩之时，而晒盐人却要顶着40多摄氏度的高温在外劳作，汗流浃背。正所谓：谁知盘中“盐”，粒粒皆辛苦。一年四季，只要太阳刚露脸，盐民们就必须出门劳作；月亮升空了，盐民们才拖着疲惫不堪的身子回家。要是碰上变天，即使是半夜三更，也要抢时间跑到盐埕抢收成盐和保存卤水。年复一年，皮肤晒黝黑了，脚掌下面被盐卤腐蚀成蜂窝状，不少老盐工的眼睛也晒瞎了。尽管艰辛劳作，盐民却过着衣不蔽体、食不果腹的贫困生活。清乾隆年间潮阳知县李文藻（字素伯，号南涧，山东青州人，乾隆二十六年辛巳恩科进士，此后在广东的恩平、新安、潮阳等地任知县）的《晒盐》诗云：“赤日翻海潮，两腿刑遭腌。耙扫霜雪洁，簸弄爪甲咸。锱铢上官仓，空手归茅檐。百室无赢米，百身无完衫。妻号儿女啼，嗷嗷不可堪。白薯盗升斗，坐法流滇黔。”（李文藻《岭南诗集》）这是一幅多么残酷的生活图景：长期赤脚在盐埕上劳作的盐民，双脚几乎都被腌坏了，尽管如此艰辛乃至造成残疾，但别说劳保，就是一丁半点可以赖以养家糊口的收入，都被官府尽数夺走了，留给盐民的，只是海风侵袭中的一间茅棚，以及茅棚中号寒啼饥的妻儿。有人实在忍受不了这种煎熬，在田园偷了几个番薯，却被押送到边远的云贵地区服刑！这首诗区区 60 个字，清代中叶，所谓康乾盛世，潮州沿海地区盐民的悲惨生活，已展露无遗。而官商勾结，专利垄断，更使盐民雪上加霜。如史籍记载：嘉靖十八年（1539）潮州府广济桥盐税通判罗士实与奸商勾结，专利垄断，禁绝产地盐民贩卖已纳税食盐。东里盐民生活困难，饶平知县罗胤凯报请省当局放宽盐禁。获省分巡道及提督府批准。（《饶平县志·大事记》1989 年版第 9 页）

三、中华人民共和国成立后的盐业

中华人民共和国成立后，盐业迎来了春天，取得了长足的发展，这是柘林盐业史最辉煌的篇章。

1950 年 1 月，汕头市军事管制委员会派员接管了饶平盐务，并在东界、海山分建两个中心盐务所。东界中心所设在柘林，下辖龙湾、大港、新村（即今仙春、碧岗）3 个盐务所。由于政府重视，盐埕面积和盐产量大增。

其间也有过挫折。1952 年 7 月至 10 月，根据省政府《关于小盐区废场转业的决定》，全县先后废除东界区的仙春、大港、龙湾、柘林等地盐田，共计 3 715 漏，每漏 1.2 市亩，总计 4 458 亩。其中，柘林 800 漏，计 960 亩，年盐总产量约 4.3 万担。因盐民生活困难，翌年 6 月，中共广东省委批准全部恢复生产。（《饶平县志·大事记》1989 年版第 46 页）

1957 年柘林围垦了跃进围，扩大了盐田面积。当年，汫洲区东风盐队选择 257.54 公亩盐埕进行沙埕改水埕晒盐试验，试产结果，晒水比晒沙制盐增产 7%。1958 年至 1960 年，柘林推广沙埕改水埕晒盐的做法，这是制盐业的一项重大变革。1959 年 10 月，饶平县制盐工业局成立，统管全县盐业生产。尔后，柘林学习福建东山、潮阳河浦等地盐田规格化的经验，并推广使用飞轮水车、扬水风车、电动水泵和压池机。这些措施减轻了劳动强度，提高了生产效率，产量逐年增加。

盐税是地方财政收入的主要来源之一。饶平县政府根据上级部门有关规定，从 1950 年起开始征收盐税。1950 年每担盐征收 13.5 元，1980 年调整为 6.5 元，对渔业和农业用盐，每担盐仅征收 0.7 元和 2.7 元。饶平县从 1950 年至 1993 年共征收盐税 16 070.61 万元。1994 年进行新税制改革，取消盐税这个税种，改为对盐征收资源税。（《饶平财政志》1997 年版第 72 页、82 页）

“晒水制盐法”是采用分级晒水制卤，结晶池晒盐的方法。这种工艺全靠日晒，海水经过多级蒸发池和调节池蒸发浓缩，晒至浓度达到一定的波美度后，将卤水引进结晶池结晶成盐。此法成本低，质量好，提高了劳动生产率。从此，“晒水制盐法”取代了沿用数百年的“晒沙制盐法”。柘林的制盐业进入了新的发展时期，产量大为增加。

每逢潮汛，通过扬水风车引海水入蒸发池，逐级蒸晒，当海水浓缩至卤水中氯化钠含量接近饱和时，再引入调节池，最后引入结晶池晒制成盐。柘林盐民经历了多年的风风雨雨，逐渐总结出一套“晒水制盐”的工艺流程：纳潮—制卤—晒卤—结晶—收盐。

纳潮：利用海潮高涨时的高潮位，引海水进入蓄水塘，贮存起来，供应制卤使用，这种操作称为“纳潮”。纳潮是海盐生产的第一道工序，也是一道重要的工序。没有海水就产不出盐，海水的氯化钠浓度低，便会严重影响产盐量。因此，只有掌握潮汐涨落、潮位高低、海水浓度变化的规律，才能适时地纳入氯化钠浓度较高的海水。一年四季每个月份的潮水新流形成（俗称“起子”）和高潮（俗称“平流”）的时间各不相同，但农历各月的“起子”和“平流”的日期又是相同的。盐民们经过多年的观察和总结，摸索出“双日不起子，单日不平流”的海潮涨落规律，并遵循这一规律适时纳潮。

制卤：是海水的蒸发浓缩的过程。通过加热的方法使溶液中部分溶剂分子汽化的过程称为“蒸发”。滩晒制盐是典型的自然蒸发过程。“制卤”就是把海水引入蒸发池通过吸收太阳能，使其水分大部分被蒸发掉，达到氯化钠饱和的过程。这个过程是十分重要的一环，对海盐生产起着决定性的作用。一个盐场的大部分场地是用于建造蒸发池以制卤的。气温、空气湿度、面积、风力与风向、母液所含的溶质、日照时间、卤水深浅、流动或静止、颜色等方面，都关系到蒸发速度的快慢。一个单元的盐场一般会设有 8 个蒸发池，俗称“八步田”，依次称为一田、二田、三田、四田、五田、六田、七田和水池头。其中一田到六田称为下幅田，七田和水池头称为上幅田。海水通过扬水风车由蓄水塘提水到第一幅田（蒸发池）时，经过一定时间蒸发后，放入下步池（即二田）中，“按步卡放”，经过逐级蒸发，每步田里的卤水浓度逐渐升高，经过水池头蒸发后的卤水浓度达到一定的波美度。

晒卤：将经过蒸发池蒸发后达到一定波美度的卤水通过飞轮水车或水泵从水池头提水到调节池，并从卤池中提取适量的“老卤水”相混合，再晒至一定波美度后，引入结晶池。

结晶：其操作过程又细分为几个步骤：压池—洗池—开池—冲池—松盐—打盐花。洗池的目的是清除结晶池的杂质。洗池前，先排干结晶池里残留的卤水，晒干后用石磙将结晶池的池底碾压平实。然后放水将结晶池洗净，并再晾晒干池底，使之达到“硬、平、洁”。将饱和卤水放进已准备好的结晶池晒盐，叫作“开池”。开池包括两种：其一是雨后开池；其二是由晒盐淡季转入旺季而不断扩大晒盐面积。在蒸发量强的天气里，用饱和卤水开池；而在蒸发量弱的天气里，则用漂花卤开池，开池时卤水深度比正常结晶深度略浅，以便较快成盐。而开池时间一般选择在上午为宜。在短汛天气，为了加快成盐，需在开池后“撒盐母”，作为结晶核。随着卤水蒸发浓缩，为保持一定结晶深度，还要适时补充饱和卤水，这一工序称为“冲池”。氯化钠晶体在池板上成长的时候，因受到池板的阻挡，只能向上及四周生长，如果不翻动晶体，盐粒四周的空隙就会被填满而结成板状，这时就只剩下向下生长的机会，显然会影响产量和质量，所以必须每隔一定时间就用盐耙或齿耙将结晶池内的盐粒翻动一次，让盐粒各面都能均衡生长，这一操作称为“松盐”。天气正常时，一般在早上松盐；雾天要等云开雾散后进行。若天气正常，一天松一次，蒸发量弱的天气可两天松一次盐。打盐花在上文已述。

收盐：将结晶池中的盐扒收，挑到盐坨存放。

20 世纪 70 年代末，随着对外开放，沿海大力发展养虾业，其时原盐收购价偏低，盐业经济效益低。1980 年盐收购价：一级盐 2. 55 元/担（50 公斤），二级盐 2. 35 元/担，三级盐 2. 15 元/担。于是盐田被改造成养虾池，很多盐民因此转业，外出打工，海水晒盐业逐渐走向衰落。1999 年，饶平县盐业跌落低谷。柘林镇仅存盐田 3 161 公亩（1 公亩折 0. 15 市亩），年产盐 1 500 吨。（《东里大观·大事记》第 35 页）目前，柘林已没有成规模的盐田了，只有极少数盐民利用零星盐田晒盐，自作自收，作为兼业。

时光一去不复返，柘林海滨那一片片波光粼粼、银光闪闪的盐田，与日相映成趣；那迎风旋转的扬水风车，结晶池上那一座座小银山似的盐堆，这一道海边独有风景，已逐渐被人们所淡忘，但在盐民们的心里却留下永恒的记忆。

笔者是盐民之子，目睹了 20 世纪 50 年代以来故乡盐业改革和发展的历程，在家乡就学期间，每当学校放假常到盐埕帮工，参加了沙埕和水埕盐业生产各环节的劳动，对盐埕和盐民的感情，如此难忘，如此深刻，年复一年，直至古稀之年，仍鲜如琼浆美酒，且随着时间的流逝，它在记忆深处徐徐发酵，从而愈加甘醇、浓香。今撰写此文，献给曾从事盐业生产的父老乡亲，也使后人知道自唐宋至 20 世纪 70 年代末，柘林曾是粤东北、赣南、闽西南人民的食盐生产基地。

盐田晨韵（杨展鹏摄）

鱼露业

鱼露，潮汕人称为“腥汤”，是一种风味独特的水产调味品。它以低值鱼虾或水产品为原料，利用鱼体含的蛋白酶及其他酶，以及在多种微生物共同参与下，对原料鱼中的蛋白质、脂肪等成分进行发酵分解，酿制而成。其味咸、极鲜美、营养丰富、含有氨基酸和牛磺酸，还含有钙、碘等多种矿物质和维生素。

柘林是鱼露的原产地之一，其生产的历史悠久。明清时期，“柘林腥汤”已畅销粤东及闽西南一带，成为居家烹调的佳味之一。柘林的鱼露生产一直沿袭传统的天然发酵方法。这种方法是在常温下将原料鱼放在太阳光下曝晒，利用鱼体内外的酶系，以及空气中的耐盐酵母菌、乳酸菌、醋酸菌等微生物发酵制成。其生产工艺之流程：原料鱼→清洗→盐渍→发酵→过滤→滤液→检验→配液→消毒灭菌→检验包装→成品。采用天然发酵法生产的鱼露味道鲜美，风味独特，口感醇厚，香味浓郁，且含多种营养物质，深受人们喜爱。

1952 年 2 月，粤东行政公署工商科选址柘林镇后井社海滨创办鱼露厂，因闽南、粤东沿海一带盛产鲮鱼和江鱼，用这两种鱼为原料生产的鱼露味道特别鲜美，深受消费者的青睐，故取名“地方国营饶平县鲮江鱼露厂”，隶属粤东行政公署工商科。卢法兴为首任厂长，并委派张志刚、李瑞安、詹远等人为行政人员。同时在本地招聘蔡璧池、李志章、钟学勤等人和澄海人阿头（技术员）共同创办。其时粤东行署投资 7 000 万元，该厂占地面积 4.6 万平方米，厂房建筑面积 8 663 平方米。当年建厂当年收益，生产鱼露 57 吨。1953 年 7 月，该厂建造了一艘内河客货轮“潮林”号，载重 11 吨，载客 18 位，及木驳船 2 艘，航行于潮州、汕头等地。20 世纪 70 年代又造“饶红”拖轮。县鱼露厂的创办，带动了柘林的捕捞业、海陆运输业、商贸业的发展，对繁荣地方经济，解决就业起到很大的作用。

1954 年，该厂下放归饶平县管辖，隶属饶平县食品轻工业公司，为本县生产鱼露调味品最大的专业加工厂。其时，该厂有职工 147 人，固定资产原值 85.87 万元，大宗机械设备 5 台（套），装机容量 175 千瓦，发电量 175 千瓦。1956 年，落实国家对私营企业改造政策，将柘林原“大利”、“永兴”、汫洲“南兴合”等 5 家私营鱼露作坊归口并入县鱼露厂，年产鱼露增至 1 642 吨，产值 60 多万元。尔后，逐年增添设备，生产规模逐步扩大，产品质量不断提高。

20 世纪 60 年代，县鱼露厂进行了一系列的工艺改革，如将传统方法与现代方法相结合，通过保温、加酶、加曲等方法达到缩短鱼露生产周期、降低盐度、减少腥味的效果。又如，添加蛋白酶，利用蛋白酶的水解作用，对鱼体中的蛋白质进行分解，形成独具风味的鱼露。再如，为了获得较好的风味，在加曲发酵的过程中加入乳酸菌或酵母菌，取得良好的效果，又去除了鱼腥味。生产过程也从原来纯人工操作发展到从原料搅拌、输送管道、运料、煮制、供水等生产工序，实现机械化，大大减轻了劳动强度，提高了生产效率。主要产品有鱼露、香菇蚝油、五香海虾等。其中“鲩江牌”鱼露，行销国内赣、浙、闽、粤四省；“韩江牌”鱼露出口美国、东南亚和港澳等国家和地区，深受消费者的欢迎和好评。

与此同时，原料鱼除了在本港收购外，还派出大批采购员北上舟山群岛和闽南渔港，南下惠来、汕尾、海陆丰渔港采购。鱼露产量及产值大增。1972 年上缴税利 23 万元，名列饶平县地方企业的前茅。1977 年，鱼露产量增至 7 492 吨，产值 190 万元。产量、产值比 1956 年增长近 7 倍和 3 倍。

1982 年以后，由于乡镇办、联户合办和个体户开始兴办鱼露作坊（厂），县鱼露厂的生产受到影响和削弱。1985 年县鱼露厂的年产量只有 4 785 吨，产值 122.44 万元，比 1981 年分别下降 33.78% 和 35%。从 1986 年开始，该厂积极发展横向联营，生产对虾饲料，取得较好的经济效益。1987 年该厂生产鱼露 3 534 吨，对虾饲料 1 048 吨，产值 237.40 万元，比 1985 年增长 93.9%，上缴税金 6.57 万元，实现利润 9.85 万元。1989 年该厂在编员工 143 人，固定资产原值 129.13 万元，产值 316.69 万元。1992 年该厂在编员工 156 人，还有家属工 80 多人。

县鱼露厂在生产经营鱼露的同时，还兼营火力发电，为当地民生做贡献。1957 年，该厂在柘林四脚亭旁筹建火力发电车间，装 4 匹马力木炭机及 3 千瓦电机各 1 台。1958 年元旦开始发电照明。1959 年增加 5 千瓦机组 1 台。1960 年火力发电车间迁入厂区内，原两个机组退出，改装捷克产 26 匹柴油机配 15 千瓦发电机运行。1967 年又增装 40 千瓦机组 1 台，供该厂生产及镇机关单位、商店、居民照明兼用。1969 年，柘林修配厂（镇办企业）新置发电车间，装 12 千瓦机组 1 台，供生产及邻近机关、居民照明兼用。原县鱼露厂电力车间继续运作。1974 年县电网延伸至柘林，水电代替了原镇火电，原火力发电机组转为他用。

1974 年，柘林公社在沙浦尾办土肥厂，利用鱼露厂腌制鱼露所沉积的“鱼涂”“鱼泥”及“鱼渣”混合土杂粪加工成土杂肥，年产 500～700 吨，畅销县内各地。至 1985 年停产。

星移斗转，随着海洋渔业资源逐年衰退，海捕产量大幅减少，东南沿海的渔业生产布局也逐渐调整，因地制宜大力发展海水养殖业。2002—2005 年，东南沿海部分渔船被淘汰，部分渔民转业转产。鱼露生产的原料鱼出现严重紧缺现象，生产成本大幅度增加，鱼露价格随之上涨。同时，味精、鸡粉等多品种的调味品大量上市，鱼露销售量大减。曾享誉赣、浙、闽、粤四省的鲩江鱼露厂的辉煌，留在老辈人的美好记忆中。

1991 年，饶平县贯彻小型国有企业推行承包经营政策，县鲩鱼露厂的鱼露生产车间开始实行承包制；1992 年，饲料生产车间也开始实行承包制。2000 年

11 月，饶平县政府出台《关于加大力度推进县属企业产权制度改革的通知》。县蛲江鱼露厂转为个体承包经营，延续传统生产工艺，继续生产“渔民牌”鱼露。由于承包人坚持以诚信为本，以质量取胜，产品畅销闽、苏、粤等省，颇负盛誉。

鱼露厂（肖建生摄）

“渔民牌”超级鱼露（杨展鹏摄）

鱼露作为传统调味品，能够延续至今，与其独特的风味密不可分，主要包括鲜味和咸味。鱼露中含有 18 种以上的氨基酸，其中包括 8 种人体所必需的氨基酸；作为水产品重要功能成分之一的牛磺酸也是鱼露的重要成分；另外，鱼露中富含多种有机酸，如丙酮酸、富马酸、琥珀酸等人体新陈代谢所必需的微量元素。鱼露又是闽、浙、粤、赣、苏、港、澳、台等地区以及越南、泰国、新加坡、马来西亚等国家居民的传统调味品，因此，鱼露生产还有一定的发展前景。

鱼露厂晒汁场（杨展鹏摄）

生产鱼露的原料鱼（杨展鹏摄）

风炉业

说起“柘林风炉”，老一辈人记忆犹新。在那物资缺乏、家家户户以柴草、蜂窝煤为燃料的年代，风炉是人们必不可少的生活用具。柘林炉畅销粤东、闽南一带，成为家喻户晓的畅销产品。历史上，风炉业是柘林的主要产业之一。不仅数百人从事风炉生产，而且带动了海陆运输业、商贸业的发展。然而，随着时代的变迁，风炉已渐渐淡出人们的视线，被液化气炉、电磁炉等新型炉具所取代。在社会发展的大潮中，它或许逃不过消失的命运，但柘林风炉曾经的辉煌，将是人们美好记忆中的一部分。

据传，明洪武年间，福建云霄县岗屿汤氏迁居柘林，带来了福建生产风炉的工艺。因“柘林风炉”采用的黏土是稻田下面的格土，这些黏土昔年是海底的沉积土，做出来的风炉在起火速度、火焰大小、耐高温、经久耐用、表面光滑美观等方面与别地厂家生产的风炉相比处处领先，尤其是以通风透气、节燃省柴、美观实用而深受消费者青睐。柘林风炉社的推销员开拓新市场有两大绝招：第一招是同时往正在燃烧的风炉中泼冷水，由于热胀冷缩，别地厂家生产的风炉遇水后立即出现裂缝，而柘林炉却连细微的裂痕都没有；第二招是用火柴在柘林炉的炉身上划几下，火柴竟然起火了。百闻不如一见，目睹者口服心服。自此柘林风炉闻名遐迩。

传统的“柘林风炉”称为“三山炉”，呈圆柱状，中间有个炉窗，上下两个炉门，上面的炉门进柴草，下面的炉门进气，用葵扇扇风和炉门盖控制火力大小，炉面上的“三山”作为放置锅鼎之用。这种风炉有大小多种规格，有以柴草为燃料的各式大炉，也有以木炭为燃料的小炉、边炉和茶炉等。“有闲心”的制炉人，还制作八角形、四方形、鼓桶形、葫芦形的茶炉，有高脚的、矮脚的，有的还在炉墙上用刀雕刻花鸟虫鱼，出窑后，用彩笔上色，小巧玲珑，美不胜收。不过，此类犹如艺术品的茶炉只是制炉人作为赠送亲友之用，并非批量生产。

风炉作坊分布在上汤村的福音堂、象头溪西北侧、书室前、后澳仔一带，原是以家庭或家族为单位的个体作坊，没有砌大窑，直接在自家后院，用红砖砌个小窑，能装上 10 个、20 个风炉。用谷壳装填满空隙后，点燃，封窑。过火后，就可以开窑，取出风炉。一个作坊三五人做风炉，在制作风炉的 20 多道工序里，都是纯手工制作。比如坯土是用双脚反复踩踏，一直踩踏至原料土可以做炉坯，辛苦万分。将泥坯装进模具里，叫“打坯”，是重体力活，做大炉非男人不能干好此活。做风炉的核心技术是装窑和烧窑。如果火候掌握得不好，次品较多，成相也不佳。

制作风炉（杨展鹏摄）

制作风炉有选料、粉碎、配料、踩泥、成型、焙烧等20多道复杂工序，每道工序在制炉人心里都有很重的分量。1956年柘林风炉生产合作社成立之前，制作风炉采用的办法：将原料涂运到家里，用锤子逐一砸碎泥块，或者用石舂、石磨粉碎泥块，人累得不行的时候，把牛赶来拉磨。粉碎的泥要用竹筛过滤，粗的挑走，然后将细泥倒入池子里，灌水浸泡。制炉人光着脚板将泥块踩成稠泥。踩一池泥，如果不停歇，整个过程需要两三小时。

接下来的工序是制炉坯。把稠泥放进敷上草木灰的模具里，在稠泥的中心挖个洞，把泥旋开，在中心位置插入一个刀形模柄，自转一圈，稠泥都贴在模具壁上，割掉多余的泥，粗泥坯即成，拿到室外晒一两天后，刨掉粗糙的"外皮"，潐水抛光，在炉口修出三个角（即炉座），在炉壁挖出上下两个一大一小的炉门（上门用于投入燃料和控制火候，下门用于进气），盖上"柘林风炉"的印章，拿到室内阴干，等待入窑烧制。

做风炉需要好泥，更需要好的烧制工艺。用明火烧八九个小时至八九成熟时，风炉颜色就成了鲜红色。如果用暗火烧熟，风炉颜色则偏黄，卖相不太好。不过，有的消费者则喜欢购烧"色火"（或称"烧过火"）一点的风炉，因这种炉耐用；若过于追求卖相，鲜红色的风炉反而不耐用。有的炉还在外面套上细铁丝网，就更经久耐用了。

20世纪50年代，在合作化运动中柘林风炉业走上了集体化道路。1953年成立联户合作组，开始砌大窑，用柴草为燃料烧制风炉。1955年5月成立柘林风炉生产合作社，社址在上汤象头溪福音堂旁，生产场所包括福音堂、后澳仔等处。生产6种规格的风炉，有特大号，以及1号至5号炉；5号最小，是茶炉，炉面只有巴掌大。社长（后称主任）汤炳速曾在“三正顺”做风炉，他充分利用“三正顺”的销售渠道将“柘林炉”推销到闽南一带。1957年曾出现供不应求的情况，取得良好的效益。柘林风炉社被省轻工业部门评为先进单位，汤炳速赴广州参加先进单位表彰会。

柘林炉（杨展鹏摄）

1958年东界人民公社成立，柘林风炉社易名东界砖瓦厂，该厂除了在柘林生产风炉外，还抽调18名职工到缶窑东山村配合该村社员发展砖瓦生产。1961年18名职工返回柘林，在后澳仔兴办砖瓦生产车间。

1961年，物资部门开始供应机关单位和城镇居民燃料煤，柘林风炉社开始生产煤球炉。1963年开始由饶平县煤炭公司监制生产蜂窝煤炉。1982年，广东省轻工业部门在潮州西湖举办民用煤炉测试展销会，柘林炉被评为优质产品。

1964年，柘林风炉厂创制“俭草炉”，改变原来“三山炉”四面冒烟为单孔抽烟，导热性能大为改善。在炉的结构方面，在炉膛中间加上铁窗（又称排栅），把炉门与进风道隔开，使热利用率普遍提高12%～15%。1966年柘林风炉厂有职工120人。

1974年，柘林风炉厂购置了粉碎机、搅拌机，从此不用人工踩泥了。

1976年，柘林风炉厂开始生产陶器，主要产品有供应县鱼露厂的陶瓮和涵管、煮水的煤油炉（陶制品）。煤油炉畅销本县和闽南一带。

20世纪80年代，柘林风炉厂分拆为一厂和二厂，实行承包经营制。

进入21世纪，随着液化气炉、电磁炉等新型炉具的普及，风炉已乏人问津了。但柘林至今仍有汤仲宏等 10 家个体户坚持用传统工艺烧制风炉，供应闽南山区农民。城镇一些老茶客也喜欢用“风炉仔”（茶炉）煮水泡茗。在山庄茶座，常见三五知己围坐，用“风炉仔”烧木炭煮水，用蒲扇扇风，山间凉风吹拂，风炉中木炭的火苗呼呼地燃烧起来。不一会儿，陶壶里的水就烧开了，别有风趣。茶友说：“用风炉仔煮水泡茶，泡出来的茶比在家里用电磁炉煮水泡的好喝多了。”汕头、潮州等地的餐馆为迎合人们返璞归真的心理，也纷纷来柘林定制可置于餐桌上使用的风炉仔（边炉）。

目前，“柘林风炉”因生产量很少，供不应求。且今非昔比，风炉师傅自家孩子不喜欢从事这种既脏又累的作业，在社会上又招不到工人，这一传统工艺已后继乏人，陷入失传困境。“柘林风炉”终将留在老一辈人的记忆中。

旧时光（杨展鹏摄）

海丝遗迹

镇风塔

塔起源于古印度，是安置、供奉佛陀舍利的专门建筑物。自东汉开始，随着佛教东传，塔在中国出现，并成为古代建筑艺术大观园里一个独特的种类。建塔工匠们发挥了聪明才智，以我国原有的亭、台、楼、阁等传统建筑物为蓝本，创造出具有中国风格的独特高层建筑。柘林镇可谓“浮屠之乡”（“浮屠”是塔的梵文音译），一个面积只有 12.3 平方公里，人口 1.68 万人的小镇，至今保存着龟塔、蛇塔、镇风塔、红塔四座古塔，将小镇的海光山色装扮得格外壮美。

柘林港不仅是历史上的海防要塞，更是潮汕历史上最早对外通商贸易和移民海外的深水港口之一，在唐宋时期就已经被史册所记载，元代时海运已经比较发达，又是著名“海丝古港”泉州、广州往来航线的中段港，是“商船巨舰往来之所”。《广东通志》载：“柘林乃南澳海道门户，番舶自福建趋广东皆由此入澳。”清初顾祖禹的《读史方舆纪要·饶平大尖峰》亦载：“柘林澳在其南，暹罗、日本及海寇皆泊巨舟于此。”因此，在柘林港造塔，首先是进出港口的船舶安全导航之需。据传造塔的资金是由番舶（旧称来华贸易的外国商船）、红头船商人、渔行和当地民众捐献的。

柘林港小门水道的出入口处有状若王八的龟屿，系由礁石自然叠堆而成的小岛。在不足 15 平方米平地的岛礁上有建于清雍正年间的石塔一座。塔墩高 1.5 米，塔身高 12 米，基围 10.5 米，七层八面，各层外边有狭小回廊。第一至三层各有一圆拱门，底层门高 1.30 米，宽 0.40 米，可登至三层为止。据说，若天气恶劣，石龟头湿漉漉，似流泪痕迹。而在柘林港大金门水道则有形状若蛇的一列礁石，名曰“蛇屿”。在形似“蛇首”的礁石上有一座与龟塔同年建造的七层八面的石塔，塔身高 5.50 米，基围 5 米。仅底层开有北向圆拱门，门高 0.50 米，人不能进塔。龟、蛇两塔的功能为镇风水、示航运。

在古镇南北街与象头溪交叉处石板桥西侧有一座清代后期建造的八角形阁台式宝塔，名曰“锁水塔”；又因塔身饰红色（以导航而言，红色鲜艳，引人注目；以镇风水角度，红色有驱逐邪恶的功能），俗称“红塔”。该塔系贝灰三合土夯筑，高十多米，塔顶覆盖黄色琉璃瓦，塔刹为灰塑葫芦状宝瓶，气概伟丽。塔内有三层，用木板铺盖，第一、三层开北向矩形门，第二层开南向和北向圆形窗各一。需登十一级石阶方能进塔。因该处地势低洼，且靠近后井港（又称象头港），屡受风潮之害，意为移来昆仑山挡住滚滚大潮，故塔身嵌着镌刻“仑峰锁水”大字的碑石。这座红塔又刚好处于风吹岭的镇风塔和大金门水道蛇屿上的石塔的中点，且三塔连成一条直线，显然具有指引航运的功能。

龟塔（张岚摄）

红塔（杨展鹏摄）

蛇塔（张岚摄）

而最著名的是元代建造的镇风塔。该塔矗立于古镇北郊的风吹岭南麓，外形别致，秀丽挺拔，直插苍穹，是广东省仅存的一座元代塔，1989年6月被列为省级重点文物保护单位。“古塔镇风”为柘林八景之一。它与西南面的明代古刹——白雀寺，东北面山麓的明代关隘——雷震关，以及东南面的清代守备营——汛地营仔，构成了古镇的独特胜景。

柘林地处海滨，屡受海风潮之害。“海风潮”是指在飓风侵袭时天文高潮位和暴雨结伴而来形成的灾害。《东里志》云：“东里飓风，年皆有之，盖不胜书者，然其作常在七八月。”如明“正德十年七月飓风，大雨雹，海潮溢，淹没田、庐、禾稻，人畜死者无数”。《东里志》“灾异”篇记载了多次“海风潮”灾害。满目可及的都是“飓风大作，拔树木，坏庐舍，海潮暴涨，大舟流入溪尾”，“树木尽拔”，“禾稼淹没，害连千家，巷可撑船”，“山崩水溢，不可胜纪”，“舟荡覆殆尽，死者浪淘岸积”，“溺死、漂没、海溢、拔木、禾损”等文字。有“滟潋长天风怒号，飞波百尺自滔滔”“忽讶龙驱追电马，却疑山动撼兵旌”等诗句描述飓风狂涛之凶。可见，“海风潮”是沿海最大的自然灾害之一。古人在此处造塔，并非供舍利、存经典，而是意为镇风锁水、指引航运。石塔北面山坡天然石壁上镌有“天风海涛”四个斗大楷字。这里岭高风大，常年风声飒飒，而石塔坐落于风口之处，故称“镇风塔”。

塔的形状像笔，直指苍穹，先人称它为“文笔峰”。海阳县文风鼎盛，有“海滨邹鲁”之美誉，先民造塔有更深层次的内涵：昌文教、兴文运，寄托着人们美好的期待和向往。相传元代海阳县（明成化十三年始置饶平县。据史志记载：明代中期以前，岭东之海阳、程乡二县，因疆域宽广，壤连福建之汀、漳二府，丛山峻岭，民变啸聚，难以治理，故巡抚右都御史吴琛上奏请在三饶地增设县治，以利管辖。明成化十三年，宪宗命总督两广军务兼理巡抚的都察院右都御史朱瑛，督办建置饶平县事。当年从潮州府海阳县析光德乡的弦歌都、滦州都、清远都，太平乡的宣化都、信宁都及怀德乡的隆眼城都、苏湾都、秋溪都等 8 都置饶平县，首任知县杨昱于成化十四年到任）沿海地区科第不济，元朝堪舆师廖国玉（江西省赣州路兴国县三僚乡人）在莲花山给郑氏族人点“倒戴乌纱帽”穴地后，寻龙到海阳县沿海一带，至柘林风吹岭卜地建石塔。（三僚风水网：《七廖下潮汕》）自从修筑镇风塔后，海阳县沿海地区科甲绵绵。据《饶平县志・人物志》载：明清时期，仅宣化、信宁二都登进士第的就有 15 人，其中东里（今柘林、所城、大埕三镇）有周用、苏信、陈天资、黄琮、黄锦、唐拔高 6 人；中举者有 81 人，其中东里有曹宗、陈理、陈宪、陈与成、吕重、陈珖、陈褒、陈紫微、张存诚、陈洁、沈乔楠、刘守元、陈大纶、陈俊士、李成渠、李琮、汤锡琦、唐日光等 24 人。这些进士、举人中不少人为朝廷命官，“欲知朝内事，须问东里人”的乡谚广为流传。陈天资在《东里志》序中也赞誉：东里“家诗书而户礼乐”，“人文之宣朗，国赋之萃聚，科目贤才辈出于是”，“有声东广久矣”。近代和现代更是人才辈出。

塔基旁边有一天然巨石镌刻：“岁次癸巳至正十三年二月造”大字，至正十三年即 1353 年，可见这座石塔已有六百多年的历史。

镇风塔高 22 米，塔基围 16 米。仿木构造建筑，七层八面，斗拱精巧，围廊婉丽，飞檐翘角，塔刹为千斤石雕葫芦状宝瓶。塔基在天然大岩石上凿洞插石桩，固定塔身，全塔用条石砌成，结构严谨坚固。塔基层围屏上绘画着花鸟瑞兽、人物故事等图画。塔身各层用石板铺盖，只留一空洞，游人可沿螺旋形石阶登上塔的各层。每层开设圆窗和拱门各一，既可采光、通风、减少气流阻力，也可供游人步出外面围廊，围廊上砌着古朴大方的石栏杆。第三层隔层石板底面镌刻着精美的八卦图案。底层圆拱门两侧镌有文字：“福德书桂寿辰星；万里江海富贵长。”门横额镌：“八峰福位之宸星。”对其含意众说纷纭，有待探究。塔之首层内设神坛供奉奎星，汉代《孝经援神契》有“奎主文章”之说，奎星为主宰文运与文章兴衰之神。科举时代，每当秋闱赴考之际，士子来此朝拜者络绎不绝。

六百多年来，几经地震、战乱，石塔依旧完整无缺，昂首挺立。民国二十七年（1938）6月21日晨，日本海军第5舰队陆战队300余人，在飞机、战舰掩护下，占领了与柘林隔海相望的南澳岛。南澳沦陷后，饶平南部沿海地区顿时战云密布，柘林湾上恶浪滔天。日机在天上盘旋，日舰在海湾出没。日军窥见了镇风塔，以为是“瞭望塔”，急向石塔连发三炮，未击中，却炸毁塔边架设在深涧上的石桥半畔栏杆，留下日军侵华的罪证。可谓“沧桑劫火经多少，一塔巍然万古雄”。

镇风塔（张岚摄）

数百年前，没有机械设备，怎样把巨大的石块吊上二十多米的上空呢？相传，当年建塔，因地制宜，就地采石，并在塔基周围堆土运石，逐级堆积垒砌上去。这充分显示了古代劳动人民的聪明才智与刚毅精神。又传，镇风塔东南侧的尖峰山就是当年搬掉建塔的浮土堆积而成的。

石塔旁边还有一块“虎蹬石”。相传清道光年间，风吹岭有只吊睛白额老虎，常出没吞噬人畜，闹得柘林埠鸡犬不宁，人心岌岌惶惶。白雀寺住持觉悟法师，原系广东南海豪杰，路见不平，拔刀相助，误伤人命，遁入少林寺。在少林寺十年，刻苦攻练少林正宗棋昂拳术，练就一身绝技，举手似电，运腿如风，他的“铜钱锤”舞动起来，百十条大汉也休想接近他。觉悟法师有心为民除害。一夜，他束装携锤，斜卧于古塔近旁山石。三更时分，忽闻风啸树动，倏见山君扑跃而来。觉悟敏捷地闪在一旁，举起铜钱锤，朝猛虎打下，老虎跃开，长啸一声，猛扑过来，觉悟左遮右闪。猛虎连连扑空，咆哮性发，竟把塔边巨石蹬出二个小窝。觉悟法师俟机乘虚而入，使尽全身力气，挥动铜钱锤，把猛虎打得脑浆四溅。

古塔吸引了众多古建筑学家和历史学家千里迢迢来此考察研究。旅外赤子回乡观光，也要登临其间。若是天朗气爽，站在塔廊上，向东南眺望，素以“（旗头山）有旗无带，（马头山）有马无鞍，（大小门）有门无闩，（七夕井）有井无栏，金龟朝北斗斗，龟蛇锁海口”而闻名遐迩的柘林古港一览无遗。远处，澄碧空明，水天一色；近处，西澳岛犹如伫立于波涛之中的一座巧夺天工、色彩斑斓的风景雕塑。龟蛇二塔宛若擎天玉柱屹立于小门、大金门水道之中；俯瞰市区，古镇雄姿尽收眼底，锁水红塔矗立于鳞次栉比的民舍之中，气概伟丽。骚人墨客为古塔之风采和这里的秀丽风光所陶醉，吟咏留诗。明万历九年（1581），于嵩（原杭州卫指挥改任南澳第四任副总兵官，倡修《南澳志》，深澳的碑廊尚存其于万历十一年立的《南澳镇城汉寿亭侯祠记》碑碣）登塔赋诗云：“地险壮嵬峨，行穿翠霭过。潮平两岸阔，云密万山多。剑舞吞牛斗，旗摇剪薜萝。年来经几汛，瀚海息鲸波。”嘉靖年间惠来知县林春秀（字麓平，号实甫，福建闽县人，嘉靖十八年至二十年和嘉靖二十九年至三十三年两任惠来知县）至此，在塔廊眺望南海，留下佳句：“万里扬帆海上舟，伴天澳日信安流。雁声不过沧溟去，知道南天最尽头。”

附　录

1. 明清时期，宣化、信宁二都进士

陈义（唐县知县）、周用（大理寺评事，后改任浙江佥事）、苏信（监察御史）、罗普（浙江常山知县）、陈天资（湖广布政使）、黄琮（福建按察使至布政使）、黄锦（吏礼二部侍郎，升南京礼部尚书）、陈瑸（湖广参议）、梁应龙（户部员外郎，升分巡福建福宁道）、林士科（江西新城知县）、梁犹龙、孙有伦、余西邻（安徽怀远知县）、张开泰、唐拔高等 15 人，其中东里 6 人。（选录自《饶平县志·人物志》1989 年版）

2. 明清时期，饶平县宣化、信宁二都举人

叶涛（大冶知县）、周猷（博兴知县）、岳镇（漳州通判）、王业（鄠县知

县）、曹宗（国子监助教）、陈理（浦城知县）、陈宪（兴化州学正）、岳琬（南平知县）、翁理（监察御史升副使）、陈与成（繁昌知县）、徐志道（宜山知县）、周用、吕重、陈昌言（柳州知县）、曾述、陈宗器（思恩知县）、陈义（唐县知县）、陈珖（南京户部员外郎）、连达（祈阳知县）、林爽（桂阳知州）、余翰、苏信、陈褒、钟伦（义安知县）、余浚（知县）、罗普、陈紫微（饶州教授）、周舜卿（琼州教授）、张存诚（监察御史、九江知府）、郑宏彝（沐阳知县）、郑天爱、陈天资、陈洁、余宗沂、余磐（湖广武岗知州）、沈乔楠（仪真知县）、罗惠（平乐知县）、刘守元（岳州通判）、朱广章（达州知州）、张光祖、余熙（桂阳知州）、黄琮、连英、黄琦、黄锦、李日新（莱阳知县）、刘侨（兴业知县）、陈明俊、陈大纶（遂安知县）、朱世和（府学正）、梁应龙（福宁道）、余华（海阳学正）、吴道坤、余春濈（诏安知县）、陈羽仪（教谕）、陈俊士、黄殿龄、郑茂蕙（开建教谕）、孙有伦（海阳学正）、史晟（夏县知县）、梁犹龙、梁梦剑、陈廷光（赞皇知县）、李成渠（遂安知县）、余椝、余西邻、李琮、余开元（番禺儒学）、许烝髦、汤锡琦（知县）、郑藩城（教谕）、张联榜、张开源、张玖略、余大振、张开梅、余高翔、沈河清（海檀总镇府）、陈标榜、余见田、唐日光共 81 人，其中东里 24 人。（《饶平县志·人物志》1989 年版）

3.《东里志》和《饶平县志》记载在饶平境内曾发生或受影响的 15 次地震

明正德七年十二月初四、十四年七月，嘉靖五年六月、十七年二月、三十七年二月，万历三年七月初二、二十八年八月二十二日，清康熙六年十一月、十三年二月，光绪四年十二月二十七日、十三年三月十五日、二十年七月十日、二十一年七月十一日，民国七年正月初三，1994 年 9 月 16 日。

（原文于 20 世纪 80 年代初发表于《汕头日报》《潮汕乡讯》，1985 年 12 月被饶平县文联收编入《饶平风光》一书，本次编辑时有修改）

青屿灯塔（杨展鹏摄）

天后宫

据说全世界有华人居住且有码头的地方，就有妈祖庙。全球有妈祖庙 2 500 多座，仅台湾就有 800 多座，妈祖的灵光可谓泽被五洲四海。据史料记载：妈祖姓林名默，宋太祖建隆元年（960）三月二十三日生于湄洲岛。自幼聪慧，得观音菩萨指教，能治病救灾，收鬼除怪，保驾护航。宋太宗雍熙四年（987）九九重阳之日飞升，年方 28 岁，终身未婚。值得称颂的是她那一颗为国为民之心。人们常见她身着红衣翻飞四海，上为国家护使卫输，下为百姓拯溺救难，是“海上丝绸之路”船舶的保护神。宋元明清各朝皇帝对她的褒封达 30 次，御祭 24 次，封号从“夫人”“妃”到“天后”“天后圣母”，所有封号的文字，加起来达 600 余字。这在中国神仙的封号中，是绝无仅有的。“妈祖”是漳泉潮人民对天后神一种如同家祖般的尊称。妈祖崇拜，原本起源于闽南商人海事活动。柘林人的祖先多数来自闽南，与妈祖更有一种乡土与祖先的情感，故柘林妈祖庙香火鼎盛。

据《东里志》记载：“天妃宫，一在大城东门内，一在柘林守备营后，一在深澳。宋时番船（旧称来华贸易的外国商船）建，时加修理，晏总兵移建于海岸，皆祀天妃圣母之神。凡航海者，必谨事之，有急难呼之，立见空中火光，是神至也。”《东里志》又载：“后澳（俗称‘后澳仔’）在柘林西山之麓。澳面宽平，水波不兴，可容千艘，守备兵舟皆泊于此。”“柘林市在守备营边，卖酒肉鱼米蔬菜，兵退则止。”“象头山在柘林，旧有天妃宫。嘉靖初，镇守东路官即庙树栅为营。戊戌（嘉靖十七年，1538）同知刘晴川（即刘魁，字晴川，江西泰和人，明正德年间举人，官宝庆通判、潮州同知）与饶平知县翁湘湖（五伦）行部至此，赋《登象头山》诗一首，云：‘未逢沧海使，先过石头山。上上孤舟望，盈盈一水间。迹寻华盖远，心愧白鸥闲。幸遇朋簪盍，何妨弄月还。大观须是海，望远莫如山。无限乾坤趣，都归意思间。人心原自在，世道本清闲。认得孤舟意，风波任往还。’”《东里志》又载：明嘉靖四十五年（1566）九月，提督两广侍郎吴桂芳奏请“复设柘林守备，以澄海、潮阳二县水兵隶之”。是年，镇守东路官在天妃宫旁边复设守备营，募民兵 1 716 人，配船艇 45 艘，设指挥 1 名。（《广东事宜》称，明朝广东沿海之卫所防务分成三路：惠州、潮州二郡为东路；广州为中路；高州、雷州、廉州为西路）从这几则翔实的史料可知：一、宋时番舶在柘林建天妃宫，显而易见，宋代柘林已是“海上丝绸之路”的商港了；二、明代朝廷在天妃宫东南面设守备营，守备兵舟泊于后澳（今后澳已成陆地，但海神庙尚存）。潮州同知与饶平知县曾至此巡视。守备营边还有市场。这些史实充分证明了古代柘林不仅是商港，而且是维护“海丝之路”贸易和交通安全的重要军港。

天后宫（张岚摄）

秋日，我们一行三人相邀同游柘林天后宫。沿着柘林古镇南北街，走过红塔脚石板桥，到了北街尽头，坐落于凤山南麓的天后宫映入眼帘。天后宫为二进庙格局，庙宇两侧有“龙井”“虎井”各1口，宫前有可容纳千人看戏的旷埕，古戏台一座正对宫门。一进为凌空而立的石牌坊“仪门”，四柱三门，重檐翘角。石柱上镌刻着楹联，前面用“波澜滟映”、背面用“天妃照临”为冠首，用隶、楷、行、草四种字体，各具一格。

石柱正面楹联云：“波心无风浪四海慈帆常普济，澜裹有嘉鱼千秋恩雾再宏沾，滟观于海岛圣恩浩荡传千古，映带临涯石母泽汪洋庇万民。”

石柱背面楹联云：“天后本无私特任凤山千古显，妃宫原有别长依柘里万年馨，照顾光宇宙圣功溥厚长流水，临垣徧古今母德巍峨独配天。”

过仪门登石阶而上，便是造型美观、玲珑标致的神殿。殿顶屋面的黄色琉璃瓦熠熠生辉。高筑的屋脊上饰“双龙抢珠”嵌瓷，形象生动，势欲飞天。且有戏屏人物、花草瑞兽瓷雕，皆栩栩如生。山门两侧门望墙皆以花岗岩石板材构筑而成，结构严谨对称，石板上精雕细刻着人物故事及花卉鸟兽石雕。

迈入殿门，殿中供奉着泥塑的“镇殿妈祖”塑像，头戴冕旒，身着华衮，面目秀丽端庄，和蔼可亲，令人肃然起敬。在“镇殿妈祖”塑像前面，还有一尊是香樟木雕刻的软身妈祖，手足关节能自由活动，称“巡天妈祖”，节庆之日，供信徒抬着出游。在妈祖神像两边，站立着司香、司花两位伺候天后的玉女。神殿两侧的神像，左为水精将军千里眼，右为金精将军万里耳（俗称顺风耳）。

天后宫神殿（杨展鹏摄）

伴游的老汤介绍说：每年农历三月廿三日的妈祖诞生日和九月初九的“升天”日，四面八方的香客，聚集天后宫。整座庙宇香烟缭绕，宛若云雾缥缈的天上神宫。妈祖神像前摆着极富女性海神特色的“百花碟”和“水族朝圣”供品。殿外广场人山人海，距天后宫几百米处的古戏台连演潮剧三天三夜，热闹非凡。尤其是三月廿二日，人们在广场上看戏到午夜，人人争着在零时到天后宫供上妈祖诞日的头一炷香，高举着的香枝灿若繁星，神殿里香烟弥漫，人头涌动，挤得大殿水泄不通；殿外的爆竹声，此起彼伏，震耳欲聋。他们相信，这个时刻敬奉妈祖，祈求赐福，是最灵验的。

营妈祖（张岚摄于湄洲）

老汤还介绍：20世纪50年代以前，每年正月十五日元宵夜，庙里还有“摆新娘”的习俗。凡是上汤、后井等社上一年元宵节后至当年元宵节前娶进的新媳妇，是晚要到天后宫“摆新娘”。新娘子天未亮就起床梳妆打扮，抹胭脂、涂口红，身着红衣，下围长裙，头戴凤冠，珠帘垂面。普通人家则戴“文明帽”（用染色羽毛及色绒扎成半月形），再用二丈多长，中间扎一团花朵的红绸，缚戴于“文明帽”，红绸带从两鬓下垂至脚，身穿红色花长衫，窈窕多姿，宛若仙姬。

然后由两位伴娘护陪到天后宫。宫内灯烛辉煌，人们熙熙攘攘，争挤看新娘。新娘子来到天后宫，先由伴娘点燃三炷香，让新娘子顶香跪拜妈祖，祈求早生贵子。拜完妈祖，伴娘偕新娘子绕厅堂一周。然后，新娘子移步出妈宫，婷立于宫阶看戏，让人们观赏。这时大家蜂拥围观，男性青年尤甚，你推我挤，巴不得挤到新娘子面前一饱眼福。新娘子看戏只是一种形式，为时不长，旋即由伴娘护送回家。这一习俗，谓之“摆新娘”。近几年又沿袭“摆新娘”的习俗。

天后宫，宋时始建，原名“天妃宫”，明代重建，康熙年间重修，改名“天后宫”，宫里尚存一方碑石，因年代久远，字迹已斑驳难辨了。据记载，乾隆五十二年（1787）、宣统三年（1911）、1987 年、2000 年曾进行重修。1988 年 10 月，柘林天后宫被公布为县级重点文物保护单位。2012 年 4 月 24 日被饶平县人民政府列入“饶平县不可移动文物名录”。据悉，天后宫修缮委员会正紧锣密鼓筹备对天后宫进行维修，并筹划在凤山之巅敬立妈祖石雕像，使之成为“海丝古港”的新标志、航海者的指路明灯。

老汤说：宫后丛林中有个神奇的“披云洞”。我们走出天后宫，登石阶到达距天后宫二三十步远的山坡上，只见一株数百年的古榕生长在石壁之上，苍健挺拔，盘根错节，缠绕其间。数条硕大的榕根，自岩顶伸展至地下，在平展如壁的巨岩上构成一个椭圆形的洞门，环绕洞门周围那圈圈滚滚的榕根，犹如朵朵祥云，袅袅冉冉。岩壁上镌刻着“披云洞”三个大字（46 厘米 ×36 厘米，正楷，阴刻），落款“玉湖”。

披云洞（张岚摄）

由崇奉妈祖而兴起的妈祖文化，已经成为海内外华人“民族认同”的精神力量。其内涵是：热爱人民、热爱劳动、见义勇为、扶危济困、无私奉献、热爱和平、慈善博爱等中华民族传统美德的具体体现。今天，我们应当用这一特有的凝聚力和同心力，来致力于中华民族的复兴。若如此，则如湄洲妈祖庙石柱上的楹联所云：“后德神功，颂遍天涯，一航普济；地灵人杰，歌传水调，八音克谐。”

（根据2010年天后宫理事会提供的材料和实地考察的情况整理而成，本次编辑时有修改）

妈祖生民俗表演（张岚摄）

汉忠义庙

关帝一生忠义双全，受到历代帝王、黎民百姓的敬仰，成为与“文圣”孔子齐名的“武圣”。在闯荡海洋开拓商贸世界的商人眼里，关帝不仅为财神，而且是商业道德的化身，关帝所代表的“礼义忠信”社会伦理原则正是商业行为所需要的支持力量与行为准则。潮汕百姓对关帝的祭祀崇拜，将外在的“礼义忠信”社会伦理原则转化为内在的行为规范，形成具有一定行为约束力的精神文化，从而支持商业行为的正常运转与延续发展。汉忠义庙印证了柘林作为“海丝古港”的史实。

早在隋唐时期，柘林港已在“海上丝绸之路”留下了印记。潮汕俗谚“未有汕头埠，先有柘林港”，说的便是粤东第一门户柘林古港。它是潮汕地区最早的对外通商港口，是“海上丝绸之路”重要中段港，又是明清时期粤东、赣南、闽西南百姓迁台、移居海外的主要港口之一。《羊城晚报》曾报道：2002 年，广东省人民政府参事、中山大学黄伟宗教授率领“海上丝绸之路”研究专家考察团来柘林港考察，认定柘林港是“海上丝绸之路”粤东第一港，兴起于隋唐，盛于明清，雍正年间进入繁盛时期，当地兴起“红头船”海运之风，有“红头船”300 余艘，航行于台湾、广州、上海、天津、宁波、福州、泉州等地。《潮州志·商业》载：“海运既兴，如柘林……等地皆为出洋之口，巨舶往来于海上，运载土货至广州及闽浙或远达南洋、日本，转贩外货输入。”笔者孩童时，听老辈人讲述：雍正年间柘林有常住人口两万多人，七百多米长的南北街有货栈商铺三百余家。有一年农历五月十三日关公圣诞日，番舶、船行、渔行、商户请了十五个戏班在关帝庙前山埔美至后井港一带同时演出。当时关帝庙就在海岸边，从西澳岛到关帝庙的海面距离约四里，红头船（潮州帮）、青头船（福州帮）、白腹龟（闽南帮）等船舶一艘连接一艘，犹如海上浮桥，岛民可在船上行走来看戏。

汉忠义庙，俗称“关帝庙”。虽没有北方祠庙的粗犷，却有南国宫殿的精巧；虽没有名都圣殿的巍峨，却有临海建筑的雄伟；虽没有府城古刹的宽广，却有古镇庙宇的结实。这座庙宇坐落于柘林镇新街社。系二进龙虎井、中有穿心亭相连的建筑形式，由山门、拜亭、龙虎井和神殿组成，建筑面积数百平方米。殿宇巍峨，嵌瓷精巧，石雕艺高，木刻精细，金漆工美，雕梁画栋，美若宫殿，近观工艺独特，远望富丽堂皇，是一座极具潮汕特色的古建筑庙宇。它体现了古建筑平面轮廓规正、整体布局合理、结构严谨、疏密得当、刻镂精致、纹饰典雅的特点。从庙门到檐栋、神像、案台、楹联、碑刻、雕塑等，都保留着清初建筑艺术特色，其文字和绘画，贯穿着崇信尚义的思想意识。

关帝庙前座为歇山式三山构筑，山门上方石匾额阳刻“汉忠义庙”四字，笔走龙蛇，苍劲有力。门望气势宏伟，红瓦覆顶，卷棚出厦，飞檐高举，三山拱立，高筑的屋脊上堆塑着“双龙抢宝”“三雄图”“双鹦鹉”及凤凰、仙鹤等嵌瓷。牌头上饰四组戏屏及神仙人物的嵌瓷，生动逼真，栩栩如生。门望墙体用硕大板石砌筑而成，凹式门楼三面墙壁用大方石砌筑，方石上雕刻着骏马、瑞象及花鸟图，工艺精湛。昔年还有《汉夫子风雨竹》碑刻，以竹隐诗，诗云：“莫嫌孤叶淡，经久不凋零。多谢东君意，丹青独留名。”传说康熙年间一位贩运货物来柘林港的山东商人闻知当地在筹建关帝庙，特意将采自山西解州关帝庙的关羽手笔的《汉夫子风雨竹》（俗称“关公竹”）拓片敬献给筹建组。可见，“关公竹”石刻也是“海丝古港”的历史见证。

重建的汉忠义庙（张岚摄）

迈进门厅，两侧供奉着伽蓝爷和速报爷塑像。拜亭连接前后座。拜亭两侧为龙虎井。左右山墙有龙虎嵌瓷灰塑，上方各留有天井，作为采光、通风、排水之用。屋面与前后座相连，设有天沟（俗称漏母槽）。后座神殿雕梁画栋，金碧辉煌。仪仗倚列，庄严肃穆。“圣德参天”“威灵显赫”“从公卫里”等牌匾高悬。精巧的金漆木雕神龛中端坐着关圣帝君神像，头戴帝王冠，面颊丰腴，卧蚕眉，丹凤眼，眉头紧蹙，双目睁开，留有五绺长髯，神态威严。肩胸宽厚，身着青色龙袍，衣缘处绣上云龙纹饰。双手交握象牙朝笏，脚蹬云靴，垂足端坐于龙椅上，拥气盖山河之势。那一双电眼倏忽之间夺人心魄，断人世间黑白曲直，不怒而威，将关帝圣君的帝王之神韵表露无遗。捧着印绶的关平和手握大刀的周仓分列两侧，二位将军生前跟随关公南征北战，屡建战功，声名显赫，逝后忠心耿耿地护卫在关帝圣君左右，足见其赤诚忠心。

汉夫子风雨竹石刻（杨展鹏摄）

昔时，庙里悬挂于石柱上的木质黑漆金字楹联甚多，如：“曰帝曰侯曰佛曰圣人名光日月；安刘安汉安寿安天下志在春秋”“师卧龙友子龙龙师龙友；兄玄德弟翼德德兄德弟”“汉封侯宋封王清封大帝；儒称圣释称佛道称天尊”等等。

汉忠义庙还默默地诉说着柘林港与台湾贸易往来和民众移居海外的历史。昔午，该庙神龛前的案几上供着一把十分奇特的“鲨鱼剑”，长120厘米，宽33厘米。这是柘林港与“大员”（闽南语，即台湾）通航、通商的历史见证。

原来，在台湾海峡生长着一种巨型鲨鱼，头部的大颌骨尖利象剑，且两侧呈锯齿状，这种鱼称“剑鲨”。渔民若偶尔捕获，定会把它的颌骨细心剖出，经净化处理后作为“镇邪”宝物而妥为保存。

据柘林镇政府退休干部郭志春讲述：清康熙二十三年（1684），有一艘红头船，从台湾高雄返航柘林港。两地相距177海里，凭一帆四浆需数天才能到达目的地。但此次归航与往常不同，一出港，船员们都感觉到船腹下似有什么东西顶托着，使帆船风驰电掣般地朝西南方向前进。只用了两天时间就到达柘林港，大家都十分诧异。船停靠在浅滩，退潮后舵公带领船员们到船体四周检查，竟发现船腹一侧插着一把形似巨剑的东西。这把奇异的“剑”，宽约1尺，长3尺，端尖锋利，边缘如锯齿。啊！原来是“剑鲨”留下的“鲨鱼剑”。船员们认为此次归航，得到神力帮助。为谢神恩，他们请木匠用檀香木雕刻剑坛，插上这柄鲨鱼剑，虔诚地安放在汉忠义庙的香案上，和关帝君一起享受人间烟火。孰料二百八十多年后的“文革”期间，关帝庙被抄，“鲨鱼剑”也不翼而飞。1995年初，居住高雄的年近七旬的刘汉松，返柘林寻根问祖，得知其祖辈置关帝庙供养的“鲨鱼剑”不知去向之事后，寻遍台湾各地，终于打听到高雄一家渔业公司有一柄“鲨鱼剑”。他当即登府拜访这家公司的老板，表示愿意出重金购买。老板被他寻根故土、弘扬祖德的精神所感动，将此稀奇宝物赠予他。当年6月，汉松带着“鲨鱼剑”重返故里，虔诚地将其安置在汉忠义庙里。

鲨鱼剑（张岚摄）

庙宇始建于清康熙年间。乙未年（2015）三月初六日毁于火灾，柘林八社乡众集资重建，于同年五月二十九日兴工，至丙申年（2016）元月竣工。

数百年来，汉忠义庙演绎了许多“忠、义、仁、勇”的史篇：

清康熙年间，倭寇屡犯东南沿海一带，驻守在旗头汛地的柘林前敌总指挥陈总兵官及其将领曾在关帝庙共商杀敌之策，率领官兵及众乡勇在旗头山大败倭寇。尔后，陈总兵官悬挂“从公卫里”牌匾于圣庙。

康熙辛巳年（1701），台湾船民林士明专程送“威灵显赫”大匾悬挂于庙中。

道光二十三年（1843），李武豪等 10 多人在关帝庙商议过番（出国）之事，后乘红头船往暹罗谋生。同治三年（1864），黄天年（钱东紫云人）等人礼拜关帝，后从柘林港往暹罗，黄天年后来成为富甲一方的华侨。

1928 年春，海陆丰、惠来革命根据地先后遭国民党反动派围剿。彭湃部下、神前镇农会主席黄协和带领 20 多名革命党人转移到柘林港，分散居住在关帝庙等处。同年 5 月 26 日（农历四月初八），国民党汕头警备司令部派营长史可思率领一个营的兵力围剿柘林。柘林民团团长徐友培和李良吟带领民团战士和民众在关帝庙前广场誓师，一面组织抗敌，一面护送革命党人从海上转移。战斗中 108 名村民阵亡，负伤 280 多人，史称“四・八”柘林惨案。

1938 年 7 月 19 日，在革命地下党的领导下，汕头抗青队随 157 师进驻柘林，队长罗林带领林克清、杜永青、张贵文等队员在关帝庙开会，组织救护队和运输队等抗日救国活动。

1949 年 3 月中旬，闽粤赣边区纵队十一团“天津部”大队长杨英勇、政委陈汉、副队长陈浠霖、副政委林正昭、政治部主任李民禧及闽南八支独立大队长陈点信等率领革命队伍进驻柘林，有一部分住在关帝庙，并在庙里开会研究抗击海上来犯之敌的策略……

关帝庙文化广场（张岚摄）

2002 年 7 月，汉忠义庙被公布为县级重点文物保护单位；2012 年 4 月 24 日，被饶平县人民政府列入《饶平县不可移动文物名录》。

一座关帝圣殿，就是一方水土的民俗民风的展示；一尊关公圣像，就是千万民众的道德楷模和精神寄托；一块青石古碑，就是一个感天动地的忠义教案。凝聚在关羽身上的忠、义、仁、勇，蕴含着中国传统文化的伦理、道德、理想，渗透着儒学的春秋精义，并为释教、道教之教义所趋同的人生价值观念，实质上就是彪炳日月、大气浩然的华夏魂。真可谓：

“圣德服中外，大节共山河不变；英名振古今，精忠同日月常明。”

（根据2010年郭志春、罗源泉、郭老应等提供的材料和实地考察的情况整理而成，本次编辑时有修改）

忠义亭（杨展鹏摄）

“帝君生”民俗表演（张道歆摄）

白雀寺

白雀寺亦是“海丝古港”的历史见证。据传，明万历年间，白雀寺住持如连和尚在柘林港乘坐往宁波贩运的“大包帆”赴天童寺参学。他带去“九村窑”的青花瓷器敬赠予天童寺，并带回了天童寺主僧德祥和尚绘画的十八罗汉图。这些画像喜怒哀乐，神态各异。据说德祥和尚一生只绘制罗汉像两套，另一套收藏于北京广济寺。

白雀寺坐落于柘林镇柘北村北面的虎鬃山麓，背山面海，景色惹人。寺后层峦叠嶂，群山环抱寺宇，古塔摩天，气势非凡。寺外苍松翠柏，绿竹红枫，凉亭古井，清幽脱俗；寺内佛像金碧辉煌，庄严肃穆。立于寺前极目远眺，南海烟波浩渺，白帆点点，白鹭翱翔，海港中龟蛇二塔及西澳岛前后拱立，守卫着大小金门。日闻钟磬木鱼之声，夜听潮吼涛鸣，令人襟怀坦荡。

古刹始建于何时，已不可考。明万历二年（岁次甲戌，1574）陈天资编修的《东里志》记载的柘林庵寺有三：“山尾寺，在下岱烟楼山尾近海边，有钟进士（钟元则，下岱人，元大德八年甲辰科进士）所舍石柱现存寺里。今废，更杂以坟墓。”“新庵，在下岱后山，今废。”“茅山庵，在柘林东，今废。”据传，宋时原有茅山庵，毁，遂于北面再建庵寺，因此处石峰林立，漫山遍野柘树成林，故取名“柘林寺”。寺院后面巨岩上镌：“明万历癸卯（三十一年，1603）孟春柘林寨守备岳同、关主僧如连募资重修佛殿。”又据传，该寺重修佛殿时，恭请蒋厚传（民间传说，蒋为明代人，官至刑部侍郎，因触怒当朝权贵而遭贬来饶平县任盐吏）于上梁吉日题写山门匾额。恰好有几只纤丽的白雀在梁上啁啾欢唱。蒋对如连和尚曰：“古人以白雀为瑞应之象征，白雀集而吉祥至，书‘白雀寺’，如何？”如连法师答曰：“此乃佛缘也，老衲在宁波参学时，曾拜谒甬山白雀寺，寺前亦有古塔一座，名曰寿峰塔，与镇风塔同高6丈6尺，皆取‘六六大顺’之意。”蒋厚传即用鸡毛大笔疾书“白雀寺”三个大字，笔画如雀鸟展翅，潇洒流利，清新委婉，形神兼备，独具一格，柘林寺自此易名。民国庚午年（1930）由智方丈募化重修寺宇时，将字迹将湮的“白雀寺”三字复制，勒石为匾嵌砌于山门之上。后人感怀此事，赋诗云：“白雀飞来巧立名，丛林隐隐透佛灯……”广东省佛协副会长释定持方丈为该寺撰山门联云：“白毫相中诸众生，一念回光俱蒙解脱；雀巢顶上三层垒，六年苦行方证菩提。”

中国楹联学会会员汤舜池的《白雀寺长联注释》云：白雀寺建于宋末，明代以前称“观音堂”，传说该堂是宋末东里上湾村李氏兴建祠堂之所，祠建竣时，恰逢一名僧路过，化茶解渴，询问族长："贵族现有人口几多?"答曰："敝姓户不满百，人不上千。"法师劝说："此乃落山虎之地，其势甚凶。依贫僧之见，贵族烟灶尚少，不宜做祠堂，宜为庵寺，供受万家香火。"李家从其言，将该祠捐为"观音堂"。自此该堂侧厅，供奉施主神位，每逢春秋，由庵设祭纪念。后李氏家族另择上湾莲花地建祠，其裔孙李成渠登雍正己酉科举人，官浙江遂安知县；李琮登嘉庆己卯科举人。

昔年，寺前绿竹环绕，形成一天然门户，有石阶数级，可登达寺院前埕。东侧竹林之下，有一古韵犹存的石亭，呈长方形，长两米多，宽一米有余，四根石柱托住重檐石亭顶，飞檐翘角，工艺精湛，独具特色。亭中四周有石椅，中置石桌如棋盘，重数百斤。近旁有口古井。民间传说，清道光年间觉悟法师在此住持时，晚上搬此石盘盖古井，早晨再搬回原处。又相传，这座位于虎鬃山下的佛殿，夜间佛灯青光闪烁，犹如猛虎的眼睛。故乡民在寺前栽种茂密的绿竹，以遮住灯光，祈求乡社平安。"白雀青灯"为"柘林八景"之一。

白雀寺（杨展鹏摄）

昔年，寺院为二进建筑。山门外墙彩绘着方格图案。主座东侧建有一列禅房。为何仅有一翼呢？因该寺西侧有虎山环抱，而东侧空旷，又有深坑沟壑，失去凭借，故筑一列禅房，使之平衡。

迈进山门，弥勒佛祖胸露腹，笑脸迎人。前殿供奉观音菩萨，后座是大雄宝殿，供奉西方三圣。殿堂佛灯高照，香烟缭绕。前后殿之间是天井，两侧墙壁上绘有达摩祖师一苇渡江故事的图画。天井东侧有一圆门通往东伙巷的祖师堂和方丈厅。寺院清静幽雅，是修持胜地。

据记载：该寺于民国庚午年（1930）和 1982 年（壬戌年）两次大修。2001 年（辛巳年）重建，由原来 580 平方米扩至 1 180 平方米，历时三年竣工。今寺院的建筑格局已改变，环绕寺庙的竹林也寥寥无几了，唯有那古色古香的石亭见证和诉说着历史沧桑。1988 年 10 月，该寺被公布为县级重点文物保护单位。

白雀寺历史悠久，周围风景秀丽，名流骚士流连于此，留下不少佳章和珍贵文物。清代广东名士宋湘（字焕襄，号芷湾，广东嘉应人，嘉庆年间进士，官湖北督粮道，是政声廉明的清官，又是清代中叶著名的诗人、书法家、教育家。其年轻时便在诗及楹联创作中崭露头角，被誉为“岭南第一才子”。《清史稿·列传》中称“粤诗惟湘为巨”）曾游学至此，耳闻“白雀寺”三字来历，兴致勃勃为该寺手书一联，云：“阁峻惹风声，几点红尘扫去；山光悦鸟性，一行白雀飞来。”此联把山寺景物、寺中轶事与僧人脱尘出俗的思想结合起来，浑然天成。张道济认为该联运用双关、比喻来表达多层意思：“一、从字面上看，它恰切地描绘了寺庙的自然环境，‘阁峻惹风声’是指寺院处于高坡而常有清风。‘红尘扫去’是指带有落红（花）的灰尘被清风吹得一干二净；二、从佛门的玄理看，点明此处是修持胜地。‘红尘扫去’又是指尘世间的俗事、杂念可以在这里摒弃；三、从历史角度看，它交代了蒋厚传及‘白雀寺’三字的来历，上联借喻他曾居高位而招惹是非，因尘世纷争之事受到排斥，下联描述他书写‘白雀寺’时的具体情景。”清代举人汤锡琦（号鼎卿，柘林人，同治元年壬戌科举人，光绪六年，大挑一等，以知县选用，掣签云南，因亲老，告近改发福建）撰联云：“白云飞去，长留秋月连天净；雀鸟归来，偶带莲花满洞香。”联语描写寺庙景致，佛韵禅风，清奇脱俗，令人读之如置身佛门清净地。清代翰林院检讨、国史馆编修洪晨亨撰联云：“日余花气熏禅榻；风引钟声渡石桥。”联语充盈着迷蒙幽静的意境，语言清丽，情致雅逸。无名氏撰联云：“白水涤净凡气；雀音淘纯世声。”该联烘托出一个静穆岑寂、超凡脱俗的诗意禅境。还有乡民汤舜池撰的198字咏柘林名胜风光之长联，上联云：“白云绕柘里，看双旗飘带，七夕呈祥；霞岱峰环，金狮觉醒，建塔镇风，造亭避雨；蛇珠报德泽，龟绶诒贤良；矶石搏涛歌正气，清泉解渴诰甘霖；雷震群雕，志千年轶事；烟楼克敌，凝继光奇谋；况英才辈出，鸿鹄高翔，求知毋畏书途远，人杰地灵，彘若重临不渡海。”下联云：“雀鸟投林中，观驷马挂鞍，五门献瑞；虹渠瀑拱，银象复苏，设营屯旅，置炮防夷；凤藻育雏鹏，鸥盟聚故友；瓜花有价谢仁慈，沙浪无情惩邪恶；辞郎扈跸，表一代忠贞；蝠洞通天，留文广胜迹；更松竹相掩，兰梅映媚，得静倍怡芳径深，境幽水秀，潜如到此欲登山。”此楹联上下联各99字，无一重复。联中嵌入“白雀”“柘林”等名，并将柘林的名胜及民间传说尽收其中，堪称佳作。寺中还珍藏有宋代景德镇烧制的祭红大瓶、明代铸造的千斤大铜钟等历史文物。

据《饶平名寺录》载：白雀寺历来名僧辈出。清道光年间，觉悟祖师从少林寺辗转来此隐居，曾有风吹岭打虎和与南澳镇台比武等逸事。民国初年，精光法师由该寺出任潮州开元寺方丈，后来该寺的由智和尚继任开元寺方丈，邀请全国著名高僧虚云法师莅临开元寺做水陆法会，名闻遐迩。尔后的新明、新成诸大师，皆是广东省的名僧。

（本文曾于20世纪80年代初发表于《汕头日报》，1985年12月和1993年分别被饶平县文联收编入《饶平风光》和《三百门》，本次编辑时有修改）

附　录

1．蒋厚传

历史上确有其人。据《明清荐辟》之“嘉庆”条目载：“蒋厚传，字朱亭，泰兴人，广东盐运司经历。由四库馆誊录。”光绪《潮阳县志》卷十四《职官·国朝·招收场大使》载：“蒋厚传，江西人，监生，嘉庆三年任。”位于潮州西湖虹桥东侧前方的西湖石牌坊楹联云：“湖名合杭颍而三，水木清华，惜不令大苏学士到此；山势分郊郭之半，楼台金碧，还须倩小李将军画来。”落款为“清人蒋厚传撰，南京艺术学院教授陈大羽重书”。

根据蒋厚传之身世及《白雀寺》一文列举的史实，可确认白雀寺山门匾额系蒋厚传所题，但题写时间应是清嘉庆三年（1798），并非明万历三十一年（1603）。“蒋厚传白雀寺题匾”的民间传说是将寺后万历修庵纪事石刻与蒋题匾一事相联系，并附丽着优美动听的寺名由来的故事。

2．吴关镛对“蒋厚传之潮州西湖山联”注释

潮州的西湖山是潮州的西湖和葫芦山的合称。此联写西湖山景色佳丽，上联点“湖”。湖名而三：潮州的西湖与杭州的西湖，颍州（安徽阜阳）的西湖，合起来为三个。水木清华，言景物清幽美丽。晋谢混《游西池》诗：“水木湛清华。”这一句正面写景色之美。下面一个“惜”字从侧面写景色不亚于杭颍二湖。“大苏学士”指宋代著名文学家苏轼。他曾到过杭颍二西湖，而未曾到潮州西湖。下联点“山”。郊郭之半，半城半郭。先写山势景色及亭台楼阁建筑物，楼台金碧，正面写景色之美。下面一个“倩”（央求之意）字，从侧面写景色之佳，说只有请李昭道才能画出这山光水色。“小李将军”，即唐代著名画家李昭道。李昭道父亲李思训曾任左武卫大将军，时人称李思训为“大李将军”，李昭道为“小李将军”。此联描绘西湖山的湖光山色，采用正面和侧面相结合的描写方法，别有情趣。

3．浙江天童寺

天童寺坐落于宁波市太白山麓，号称“东南佛国”，为中国佛教“五大丛林”之一，始建于西晋永康元年（300），至今已有1 700多年历史。规模宏大，

天童寺（杨展鹏摄）

占地面积 7.64 万余平方米，建筑面积达 3.88 万余平方米。有殿、堂、楼、阁、轩、寮、居计 999 间。有诗赞曰：“山外青山翠满峰，丛林禅院九州同。楼堂仙阁难相数，广厦千间是天童。”

4. 甬山白雀寺

甬山白雀寺位于宁波奉化甬山之巅，始建于南北朝时期。据传此寺是六朝名僧智觉大师所建，与雪窦寺、岳林寺、青莲讲寺并称为奉化四大名寺。门楼上有蒋介石所书的“四明胜迹”和于右任（政治家、教育家、书法家，国民党元老）题写的“甬山白雀寺”。寺前有寿峰塔，砖石结构，高 22.2 米，七层八面。

白雀寺牌坊（杨展鹏摄）

白雀寺古亭（杨展鹏摄）

关氏大宗祠

《南方日报》《潮州日报》等报纸曾载文介绍海山镇的“八氏宗祠”，称：上港村八个姓氏合力建造祠堂，在广东乃至全国，实为罕见。然而，柘林镇有二十个姓氏共建一座祠堂，并以崇信关羽为基础，易姓为关氏，且确立了统一的道德行为规范，恪遵精诚团结，和睦共处，互助合作，共同发展。这或许才是全国罕见之事。

这座祠堂位于柘林古镇新街社、南北街中段之街口，与建于康熙年间的“汉忠义庙”相邻，并排而立。祠宇坐东北向西南，背靠文笔峰，南濒柘林港，是一座单佩剑结构的普通祠堂，主座有上下厅、双库房、一天井、双走廊，东走廊有偏门通伙巷，可达东侧一列厢房，伙巷有门通旷埕。主体建筑之前座屋顶三山拱立，橙色琉璃瓦覆顶，金碧辉煌。屋脊高筑，飞檐翘角，屋脊上嵌瓷堆塑“双凤朝牡丹”“雄鸡唱晓”“三阳开泰”、戏剧人物、祥禽瑞兽、奇花异卉，皆惟妙惟肖，栩栩如生。凹式门楼三面墙壁用规格方石砌筑，一对古老的石鼓立于大门两侧，正门上方石匾额阳刻“大宗祠”三个大字，两边高挂“关氏”大红灯笼。大门背面石匾阴刻的《建祠记》云：“窃思扩充国族团体必须联合各姓宗族为基础！我新街全社十余姓氏，人口已达数千，今欲团结精神卜筑斯地以为出发点，希望全社民众本亲爱精诚互助合作之宗旨而行，将见民族发扬人群进化夫！岂仅克昌厥后已哉！是为引。”正厅上高悬着“聚华堂”金字大匾，柱联云：“源远流长百世本支贻燕翼；承先启后一堂俎豆荐馨香。”厅堂紧靠后墙中央处置有精雕细刻的祖龛，两侧石柱上挂着刻有关氏辈序诗的木牌。

为何二十姓氏共建一祠呢？这有一段不凡的来历。潮汕俗谚云：“未有汕头埠，先有柘林港。”柘林古镇濒临柘林湾，这个面积68平方公里的港湾，四周被海山、汛洲、碧洲、西澳诸岛环抱着，南有大金门和东西小金门3个出海口，湾外有横卧着的南澳岛为屏障挡住风浪，湾内水深浪静，可通舶万吨巨轮，是华南天然优良深水港。明万历二年（1574）陈天资编修的《东里志》载：“后澳，在柘林西山之麓。澳面宽平，水波不兴，可容千艘，守备兵舟皆泊于此。”万历九年（1581）南澳副总兵于嵩有《题柘林》五律一首云：“地险壮嵬峨，行穿翠霭过。潮平两岸阔，云密万山多。剑舞吞牛斗，旗摇剪薜萝。年来经几汛，瀚海息鲸波。”（《东里志·卷七》）《饶平县志》载：大业六年（610），隋炀帝发东阳之兵组成万余人船队，从柘林港起航，二渡流求（即台湾，东汉、三国时称夷洲），进行宣慰、贸易，传播中原文化。宋代，柘林港有番船乘季风而至，“帆樯辐辏，泊满港内”。明嘉靖末年郑若曾撰写的《筹海图篇·广东事宜》载：“柘林乃南粤海道门户，踞三路之上游，番舶自福趋广悉由此入。”明清时期，红头船队在柘林港集合出发，北上津沪台，南下安南、暹罗、马来，客货运频繁，波斯商人时有到此买卖货物。柘林港历史上为海上丝绸之路的中段港。而柘林新街自明清以来，一直是柘林古镇的繁荣的商业中心，人们从四面八方来此经商、从事手工业、捕鱼、海陆运输等行业而定居柘林，住在新街社的居民达数千之众，姓氏繁多，有罗、颜、刘、王、郑、张、曾、游、吕、卢、蔡、周、许、翁、陈、黄、郭、庄、吴、杨等20多个姓氏。柘林人多地少。这么多姓氏皆建筑祠堂无地可择，另者多姓杂居难免有碰碰撞撞之事发生，幸而这里的居民向来非常崇信关羽，奉其为忠义之神，故由维愿、东阁等先贤发起共建祠堂之倡议，得到诗词、朝津、茂寿、成辛、友德、谋通、瀴淮等各姓氏主事者的赞成，遂于民国十九年（岁次庚午，1930）七月，筹资建祠，取名“聚华堂”，俗称“新街祠”。并征得新街社诸姓居民一致同意共尊关姓，且按各姓人数多寡，分为七个房头：大房罗、颜二姓；二房刘、王、郑、张四姓；三房曾、游、吕、卢、蔡、周、许、翁八姓；四房陈、黄二姓；五房郭姓；六房庄姓；七房吴、杨二姓。同时，拟定诸姓的共同祖先——关祖，立神位牌于祖龛最上层，下层立七个房头祖公神位牌（除人丁较多的姓氏为一房头外，其余人丁较少的姓氏则多姓为一房头，其祖公神位牌也为虚拟）。“聚华堂”建成后，便撰20字合姓后辈序诗，云：“汉寿崇至德，聚华永联芳，绍承昭长远，垂裕允克昌。”自建祠至1951年，这里的居民一直沿用关姓，且按20字辈序诗认辈和取名字，后来土改工作队在登记户口时令居民恢复原姓，但现在新街社的二十个姓氏的居民仍然在这里祭祖和举行各种民俗活动。从昔时祠堂的楹联，也足以窥见其崇尚忠义之精神和弘扬亲爱精诚之宗旨，如：“凡今之人不如吾同姓；聿修厥德无忝尔所生”“聚其少成其多如兄如弟一团和气；华于国荣于家传子传孙万世流芳”。可见，众多姓氏合建一祠的宗旨是为了精诚团结，互助合作，构建和谐社区。这对于保持纯朴敦厚的民风，促进社会的稳定、和谐、发展，都有着积极的意义。先辈贤达的这一创举，在潮汕大地上并不多见。

关氏大宗祠不仅是一座体现民间团结合作、和谐共进的纯朴民风的历史遗存，而且是一处革命旧址。在解放战争时期，在这座普通祠堂见证了一幕幕令人缅怀的革命故事。

1948年8月，中共云和诏县委南路工作团在东界同安岩建立武装据点，并成立闽南八支东界独立大队，陈点信为大队长。陈点信通过其亲戚刘吉庆（柘林新街人）在关氏大宗祠前面的源泰杉厂建立秘密联络分站，刘吉庆为负责人，庄克明、李锡辉、李世益（皆为新街人）等为联络员，经常在新街祠开展革命宣传，筹枪募粮，发动群众抗“三征”等活动。为游击队筹粮近百担，筹枪27条。为了缓解游击队的军需及民用，还派“德兴号”和“利盛号”货船，冲破海上封锁线，往澄海购买粮食，在归途中遭到敌船扫射，青年船员郑荣炎当场牺牲。

关氏大宗祠（张岚摄）

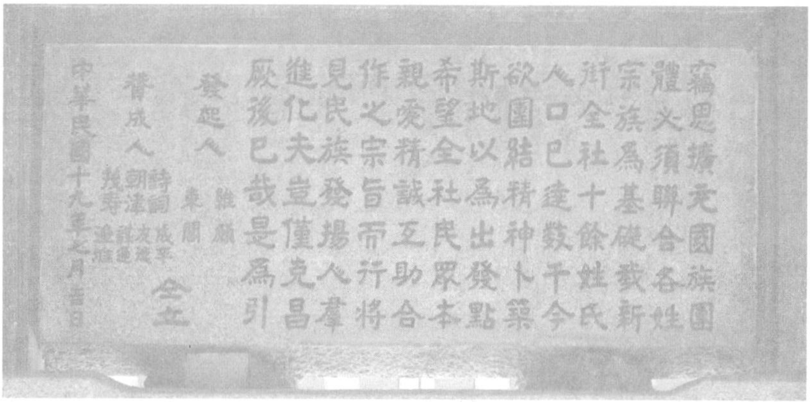

《建祠记》（张岚摄）

聚华堂（张岚摄）

1949年4月，“天津部”（韩江支队独立大队代号）领导人陈汉、杨英勇、林正昭等率部来柘林活动，其海队指挥机关（负责人林正昭）设于新街鸟楼，枪械维修站（负责人李岳）设于汤昌家，缝衣组（负责人汤大目）设于刘谦成布铺。“天津部”通过陈计、汤大目在新街祠发动农民、盐民、渔民和船工参加革命队伍，组建了100多人的民兵队伍。为了抗击国民党军队对东界的围剿，李光道、刘志怀等人在新街成立了150人参加的“保乡卫土”队伍，并在新街祠准备大刀、长矛、鱼叉等武器。6月3日拂晓，国民党清剿东界指挥所指挥官陈汉英、林孔昭率300余名兵力乘两艘电船和四艘木船来犯柘林，企图捣毁“天津部”。新街民兵在汤大目和陈计的带领下，埋伏于新街祠前东兴围（盐埕围名）堤下，当敌船靠近时，“天津部”的机关枪、步枪和民兵的土枪土炮一齐发射，敌船无法靠岸，遂转航到马头山登陆。新街民兵在徐讯的带领下，送水送饭到战场，为“天津部”指战员和参战民兵解渴充饥，还组织医疗组和担架队支前。傍晚，闽南支队和大港民兵赶来支援，“天津部”和柘林民兵联合组织反攻，敌军惊慌失措，仓皇乘船逃走。这一仗毙敌二三十人。6月9日夜，“天津部”主力部队120多人奉命转移。6月22日（农历五月廿七日），国民党部队纠集两千多兵力，发动对东界游击根据地第四次围剿。当天午后，柘林沦入敌手，新街社被烧房屋5间，布铺财物被洗劫一空，汤祥芝、郑炳顺等被杀害，游击队员的家属遭拷打、囚禁、勒索，牲畜被抢。6月底，李岳、李世益、李锡辉、郭志春、李奕昭、汤青等人，在新街社成立“读书会”，以读书识字为名，宣传发动群众，开展革命活动。至同年9月，加入“读书会”的达20多人。1950年1月，“读书会”积极参与并发动组织了几百条渔船和近千名船工，支援解放军41军121师362团，于2月23日解放了南澳岛，把胜利的红旗插到了祖国的南大门。

（以上革命史实，根据县委党史研究室027、044卷宗及县评划解放战争时期游击根据地联合调查小组的调查报告等史料综合整理；潮府〔1993〕17、18、19号文确认柘林镇柘中办事处、柘北管区、西澳管区为解放战争时期游击根据地。）

如今，新街社二十姓氏居民牢记祖训，弘扬祖德，继承光荣革命传统，恪守“团结就是力量”的理念，互助友爱，为创造更加美好的明天而努力进取。

（根据2010年聚华堂理事会郭志春、罗源泉、郭老应等提供的材料和实地考察情况整理而成，本次编辑时有修改）

雷震关与蝴蝶亭

柘林古镇东北郊的风吹岭上的摩崖石刻和军事遗迹，印证了柘林港既是“海丝古港”，又是维护“海上丝路”贸易和交通安全的军事要塞和重要军港。

风吹岭，因一年四季风声飒飒而得名。明国子监助教曹宗的《风吹岭》诗云：“地泊荒滨常起风，柘林孤岭乱颸颸。石亭夏盛绿苔冷，涧道秋高碧草绒。细雨引来迷海阔，片云送去任天空。行人莫上山头望，只恐凭虚术未工。”

风吹岭的东北麓是个古渡口，地势险要，历来为兵家必争之地。明军时守时撤，海寇倭机肆掠，民无宁岁。据地方志记载：明嘉靖四十五年（1566）提督两广侍郎吴桂芳奏请“复设柘林寨守备”，当年重置柘林寨，募民兵 1 716 人，配置船艇 45 艘，加强防卫。清顺治八年（1651），柘林镇设游击 1 员，水师 1 000 名，中军守备 1 员，千总 2 员，把总 4 员。古渡口的巨岩上镌着“康熙庚申岁（十九年，1680），协镇广东黄冈副总兵官吴讳启镇（饶平镇挂印总兵官吴六奇之次子）招抚各岛伪镇官兵人民数万在此登岸”的碑文。此巨碣是纪颂吴启镇招抚之功绩。早于明崇祯年间朝廷已在此构筑“雷震关”，驻军设防，昔年的营房早已坍倒，地上遗存残砖瓦片。“雷震关”的关口原有两块对峙的高 5 米有余的天然岩石（俗称“石公”和“石母”）构成天然门户，今“石母”已毁，“石公”尚存，巨石上凿有闭关的栅孔尚存。关口两侧则利用天然巨石构筑关城围墙（这些巨岩已被开采，成了建房石砖或围海堤石了）。在关口前面两侧有两块大石各镌刻着“盘诘奸细”，“缉获盗贼”大字，正楷，阴刻，落款为明“崇祯十三年（1640）季春柘林寨事都司曹立”，令人触目惊心。在关口上面北侧有块酷似眠床的巨石。据传，宋景炎元年（1276）十一月宋帝昰驻跸雷震关东面的红螺山。有一天，陆秀夫、张世杰护驾宋帝到柘林视察地势，看能否在此建立抗元兴宋基地。君臣登山涉水来到雷震关，宋帝实在太累了，竟在此石上睡了一觉。自此，该石被称为“龙床”。在山岭峡谷中有一条由天然石块铺筑而成的崎岖不平的古行道，自古渡口蜿蜒约三里至风吹岭东南侧的汛地营盘。古行道中段山坡的岩石上镌刻着“崇祯戊辰岁（1628）柘林寨都司熊榆节修路”和“崇祯七年（1634）仲秋守府梁爷重修大路”。路旁还有两座用石构件仿木结构建筑的“去思亭”（已毁，1957 年散落在古道旁的亭石被民工搬去建水库），亭中竖立着镌刻历任守关将领事迹的石碑，表达了乡民对爱国将领的歌颂与怀思。

风吹岭古行道中段有座山丘，一巨石形似蝴蝶两翅竖起，惟妙惟肖，故称蝴蝶山。巨石前面有座古朴石亭，亭中竖立着一方镌刻着明末抗倭英雄梁玉事迹的石碑。因年久风化，碑文已斑驳难辨了。

民间传说：明崇祯年间，梁守备戍守黄冈城。一日，梁守备身着平装独自上街漫游，忽闻四狮亭传来咚咚的锣鼓声，上前一看，原来是一个年约十六岁的卖艺少女，手舞双刀，围观的人喝彩声不断，梁守备也看得入神。一打听，知道此女父母早丧，流落他乡，以卖艺为生。遂生恻隐之心，便托人撮合，收为义女，赐名梁玉。自此，她在义父的培养下，习文练武，文韬武略，样样精通。后来，梁守备父女戍守雷震关，时梁玉已二十岁。她带领兵士加固关口防御设施，修筑风吹岭大道，并加紧操练水陆军。其间，曾多次击退倭寇的进犯。暮秋，倭寇进犯大城所，梁守备率军前往救援，梁玉留守雷震关。另一股倭寇乘虚而至，在柘林象头港登岸，企图攻陷雷震关。梁玉接报，在风吹岭的镇风塔至尖山西侧的汛地营盘一带布下伏兵，并分别派人禀报义父和到黄冈城求援。倭寇蜂拥而至，风吹岭鼓角齐鸣，山上乱石滚滚，飞矢齐发，倭寇组织了几次冲锋，都被打得丢盔丧甲。后来，倭寇集中兵力先攻占了尖山西侧的汛地营盘，再组织一支敢死队从虎鬃山侧面包抄过去，其余人马在正面佯攻。梁玉寡不敌众，腹背受敌，情况十分危急。只见她毫无惧色，跃马挥刀，愈战愈勇，怎奈马失前蹄，摔倒在地，被倭寇射成箭球，坠落悬崖，壮烈牺牲。是日黄昏，梁守备完成了救援任务，回师雷震关，黄冈援军也从水路赶到象头港登岸，两军夹攻，倭寇抵挡不住，从海上仓皇逃窜而去。后人卢陵王一乾游览至此，感怀此事，在蝴蝶石上题刻“玉柱天关”四个大字，正楷，阴刻，每字大一米见方。墨客亦曾在石上手书一联云：“抗倭业绩昭日月，爱国丹心照汗青。”

风吹岭古渡口原有一巨岩，上刻“观海”两字，每字有二米见方（已毁）。在此往东眺望，沧海万顷，水天浩渺，闽粤的高峰岛屿如泥丸入海，颇为壮观。若在曙色熹微中，登关远眺，极目东海，紫霞苍雾间，一轮红日，喷薄而上，金光潋滟，渲映波涛，“古渡观日”，蔚为奇观。历代显宦骚士摆渡至此，吟诗作赋其间。风吹岭上留下了许多明清摩崖石刻。其中有明万历丁丑（五年，1577）季夏南澳镇第二任副总兵晏继芳题刻的“闽广达观”大字，正楷，阴刻，每字大一米见方；万历丙申（二十四年，1596）楚雍吴世重、成都庄诚镌刻的“海阔天空”大字，正楷，阴刻，字大 40 厘米 ×27 厘米；明崇祯己巳（二年，1629）季冬黔南梁东旭（南澳镇副总兵）题刻的“水天一色”大字，正楷，阴刻，字大 40 厘米 ×27 厘米；崇祯庚午（三年，1630）季春长白张昌祚的“闽粤一览”石刻，正楷，阴刻，字大 48 厘米 ×32 厘米。还有“天风海涛”等石刻，诸家书法遒劲秀拔，各具一格，在书法艺术研究上有一定价值。1981 年 7 月，风吹岭摩崖石刻群被公布为县级重点文物保护单位，2012 年 4 月被县政府列入“饶平县不可移动文物名录”。

今又有“腾云飞雨”“云海奇观”“新潮叠至”“俯海观潮”“岭海流云”“海角观潮”等一批现代文化名人的墨宝镌刻于风吹岭巨岩上，或俊秀苍劲，或清丽流畅，或浑厚挺拔，美不胜收。

1981 年 7 月，著名诗人黄雨登临风吹岭，在古渡口吟诗一首云：“一览收闽粤，群山绕海湾，波光浮岛屿，帆影入云烟。古渡新林带，摩崖旧史篇。披襟迎壮阔，浩气动胸间。”

蝴蝶亭与明代石刻（张岚摄）

古渡口明清摩崖石刻（杨展鹏摄）

雷震关明代警示石碣（杨展鹏摄）

风吹岭古渡口明代摩崖石刻（杨展鹏摄）

崇政古庙与元帅爷庙

中共饶平县委十二届五次全会提出建设“苏区大港”的奋斗目标（即潮州港要建设成为服务赣闽粤原中央苏区振兴发展的出海大通道）。其定位既符合是当今经济社会发展之需要，又有地缘、血缘、亲缘、神缘的历史渊源。如前所述，柘林港（今为潮州港的核心区）不仅与粤东北、赣南、闽西南及台湾地域相连，在汕头未开埠之前，柘林港又是这些地区民间对外贸易的商港，食盐、鱼露、风炉的生产基地，粤东、闽南的造船基地，百姓迁台最便捷的出发港。而且柘林的居民多数由闽迁徙而来，其中有“开漳圣王”陈元光的后裔居霞岱尾乡，陈元光的部将、宣威将军许天正的后裔居内里许厝巷，陈元光的部将、开漳太尉、威武协应辅国上将军张伯纪的后裔居文昌祠，陈元光的部将、竭忠辅国将军汤智的后裔居上汤、霞塘等。他们将故土传统的风俗习惯带到柘林港，传承了故土的文化观念和民间岁时习俗，与闽台等地有着共同的民间信仰及其伴生而来的习俗，如妈祖信俗、关公信俗等。其中最能彰显柘林港与闽台民间信仰有密切源流关系的是“开漳圣王信俗”的传承。“开漳圣王信俗”是以初唐陈政、陈元光父子率兵开漳的历史事实为基础，以对开漳圣王陈元光及其父陈政的祭祀活动为核心，是一种广泛流传于我国福建、台湾、粤东等地以及东南亚各国的信仰习俗。它是中华传统文化的组成部分，在经济社会的发展中具有重要的历史、文化、联谊及经济价值。

柘林南北街（因经营南北货而得名）东段的石角头社有供祀陈政将军的崇政古庙。在霞塘村口有肇建于清乾隆丙申蒲月（1776 年 5 月）供祀陈元光的元帅爷庙。这两座神庙供祀着二位真实的历史人物。“唐史无人修列传，漳江有庙祀将军。”（宋·吕璹《威惠庙》）陈政、陈元光虽名不列传（其传未载入《旧唐书》和《新唐书》），却高居庙堂。他们的启土建漳之功，铸就了千秋祠庙的兴盛与圣王文化的传承，寄托着开漳圣王及其部属后裔以神缘为纽带的原乡文化情结。柘林先民正是带着深厚的故土情结徙居于此，“开漳圣王”信仰渗入移民社会基层，形成族群分布与本土特色的乡土神灵，演绎成浓烈的民族情怀，对民间民俗心态和社会价值观念产生深远影响，这是柘林港多元宗教信仰生态中最具鲜明祖根文化认同的信俗。

千百年来，关于陈政、陈元光的家世及生平事迹，众说纷纭，莫衷一是。谢重光教授所著的《陈元光与漳州早期开发史研究》（台北：文史哲出版社 1994 年版）一书，其研究成果得到许多学者的认可。黄挺教授在《潮汕史简编》（暨南大学出版社 2017 年版）一书中认为：《陈元光与漳州早期开发史研究》一书是研究陈政、陈元光的“最好的参考书”。又如 2001 年黄挺教授与陈占山教授合著的《潮汕史》一书也采用了谢教授此方面的研究成果。以下根据谢重光教授的研究成果，讲述陈政、陈元光的家世及开漳事迹：

崇政古庙（杨展鹏摄）

元帅爷庙（杨展鹏摄）

陈元光的先祖系河东（今山西省西南部）人，祖父陈洪任职义安（今潮州）郡丞，秩满留居潮州，遂成广东揭阳人。陈氏家世习武，又曾为郡佐，日久雄踞一方，成为岭南首领。元光之父陈政，以武功著名，从军隶于广州扬威府。元光自幼习韬钤，通武略，常随父居于行伍。

唐高宗总章二年（669），泉潮之间“蛮僚啸乱”，陈政奉命自粤入闽，代替曾镇府戍守。政率兵入闽，“比至镇，百凡草创，备极劳瘁，群蛮来侵”，蛮僚势盛，退守九龙山，因有九龙江天险，才得以阻止蛮僚的大举进攻。敌我双方隔江相持。陈政采取两条措施，成效显著。一是凭其威望，广集人才，且知人善任，如罗致了许天正等中原流寓于岭表的才智之士，又任命通经济、喜吟咏、练达世务的丁儒为军谘祭酒。丁儒本是北方人，因科场失意，至闽入赘于曾镇府，在军中效劳。陈政代曾镇府为守将后，待丁儒为知己，“有所注措，悉与筹划”，因而丁儒竭力佐助陈政。丁儒献策：“遣人沿溪而北，就上流缓处结筏连渡，从间道袭击”僚民，再渡江而西，招民屯戍，在九龙江之南地势险要的盘陀岭建立进剿蛮僚的要塞。陈政采纳了丁儒的对策，取得了重大的战果。二是募兵屯守。“募众民得五十八姓，从云霄地，听自垦田，共为声援”，并对募兵进行军事训练和实战锻炼，使之成为英勇善战的劲旅，从而建立了一班有智有谋的僚佐队伍和一支训练有素、骁勇善战的军事力量，为战胜蛮僚作了充分的准备。

陈政在平蛮中一系列卓有成效的努力，受到朝廷的嘉奖，晋升为归德将军。但他未及取得平蛮的根本性胜利，便于仪凤二年（677）病逝，未竟的事业由其子元光继之。

陈元光受命于危难之际。刚代父为将不久，便遇“广寇陈谦连结洞蛮苗自成、雷万兴等连陷冈州（今广东新会县北）、潮阳（今潮州）”，“遍掠岭左，闽粤惊扰”。这是一次岭南地主武装与畲族先民联合对抗唐朝廷的大规模军事行动。朝廷命潮州刺史常怀德和循州（今广东惠州）司马高琁发兵征讨，不能制敌。急令陈元光率军进击。元光“提兵深入，伐山开道，潜击寇垒，浮馘万计，岭表悉平”。朝廷嘉其功，晋升鹰扬卫将军、怀化大将军。元光威名大振，凯旋回师梁山之下的绥安县（故城在今福建漳浦县西南）地镇守之所。

此后，陈元光与蛮僚的斗争进入拉锯式状态。蛮僚大规模的反抗行动虽被镇压下去，但小规模的反抗行动此起彼伏，从未止息。陈元光东征西讨，虽时有捷报，但深感单靠征讨不能从根本上解决“蛮僚之乱”，于是奏置漳州，并“奏立行台于四境，时巡逻焉”。这些举措奏效，北抵泉州边境，南达潮州之揭阳，东至于海，西迄闽赣之交，“数千里无烽火之警，号称乐土”。僚佐丁儒歌咏曰：“烽火无传警，江山已净尘。”

景云二年（711），于仪凤年间牺牲的蛮僚领袖雷万兴、苗自成之子“纠党复起于潮，猝抵岳山”。陈元光匆忙出战，被蛮将蓝奉高刺伤，败奔途中，卒于绥安溪之大峙原。陈将军终年五十五岁，葬于大峙原。开元四年（716）徙州治于李澳州（今漳浦县城）。迨贞元二年（786），州治再迁龙溪（今漳州市芗城区），为祭祀之便，乃移陈将军墓葬于州治之北。

陈元光败死之后，“人心震慄，莫敢向者”，赖参军卢如金代领兵众，奋勇退敌，才得以收拾残局。后来朝廷命陈元光之子陈珦代领州事。陈珦誓志复仇，终于在开元三年（715）“率武勇衔枚缘阻夜袭巢峒，斩蓝奉高首级并俘余党”。蛮僚受重创，向西南方向收缩。贞元年间（785—805），蛮僚势力卷土重来，攻陷揭阳，又被摄领漳州州事的元光玄孙陈谟讨平，获贼首蓝老鸱等。此后，蛮僚在闽南的势力便衰落了。

自陈政于总章二年入闽对付“蛮僚啸乱”，至陈谟于贞元年间镇压了闽粤之交较大的一次蛮僚起事，陈氏五世与畲族先民进行了长达百余年的斗争，以陈氏为代表的唐朝统治势力进入闽南，并不断扩大和巩固。而蛮僚势力被迫退出世居之地，避居深山密林之中。

“平蛮”是陈元光“开漳”的重要功绩，另一方面的重要功绩是建立漳州，并实行一系列政策，推动闽南经济文化发展。

在唐朝统治势力进入今天的闽南地区之前，这块蛮僚之薮尚处于相当原始的社会阶段。伴随着陈氏入闽，先进的汉族文化进入这块与世隔绝之地，逐步改变了此地的落后面貌。

首先是辟土开疆，变荒原为良田。早在陈政建寨于柳营江之西的时候，便招抚土黎，聚为唐化里，吸引“龙江以东之民陆续渡江田之”。及至进屯梁山之下实行募兵之时，又将募得的五十八姓“徙云霄地，听自垦田”。可以说，陈氏军事推进的过程，也就是“辟土开疆，招徕黎庶”的过程。其先后屯兵的据点，后来皆成为民庶乐业的乡、里、邑聚。

元光继续实行其父耕战结合的方针，且辅以通商惠工。他在征讨苗自成、雷万兴时，“其西北山峒之黎，林木阴翳不相通，乃开山取道，兴陶铸，通贸易，因土民诱而化之，渐成村落，拓地千里”。由此可见，其军事进展也为当地农业、手工业和商业的发展开辟了道路，而经济的发展又为军事进展提供了必要的物质保障，相得益彰。

值得称颂的是，元光父子对蛮僚实行军事镇压和招抚感化相结合的方针，即便对战俘也采取威惠并济、区别对待措施，“诛首恶，徙顽民，而民始畏威见德”，从而有效地分化了“寇盗”，减少了畲族先民在民族融合过程中的牺牲，使其管领区域的民户增加，保证了其境内生产的发展和兵源的补给，为建州设县创造了条件。

漳州建立后，出现了较长时期的安宁局面。元光抓住有利时机，“劝课农桑，惠工通商”，并大兴教化，使全州经济、文化得到发展。其成就体现在下列几个方面：

（1）兴修水利，围海造田。元光的僚佐丁儒在柳营江屯守旧地“募民障海为田，泻卤成淡”，使“沿江上下暂有耕地”，并在全州各地推广此法。今漳浦、龙溪等地的“埭”大多是唐代始建，后经历代逐步发展增多的。兴修水利和围海造田表明了其时漳州的生产力的长足进步，标志着部分地区已实现了由蒐狩为生、刀耕火种向使用较先进的生产工具和掌握较先进的生产技术的质的飞跃。

（2）推广先进的农耕技术，引进新的农作物品种。从丁儒遗咏中的“麦陇披蓝远”“嘉禾两度新”等句，可知这一时期的漳州已引进和推广了种麦、种蓝草（可作为染料的草本植物）和种植双季稻，还掌握了诸如麦田套种蓝草的技术，以及稻、麦轮作和种植双季稻所需的轮作、休耕技术等。

（3）发展多种果木和经济作物的生产，并推广了相应作物的加工技术。丁儒有诗云：“橘列丹青树，槿抽锦绣丛。秋余甘菊艳，岁迫丽春红。”“锦苑来丹荔，清波出素鳞。芭蕉金剖润，龙眼玉生津。蜜取花间露，柑藏树上珍。醉宜藉蔗沥，睡稳木棉茵。”可见，百姓村坞中种植多种果木和经济作物，并掌握了养蜂酿蜜、池塘养鱼、种蔗制糖与木棉加工等技术。

（4）惠工通商，推动商业的进步。农业和手工业的发展，必然推动商业的进步。漳浦县西南有温源溪，据传天授年间胡商康没遮来浴，投钱十文，温泉立涨，浴后水又减少而得名。此传说反映了外商莅漳的足迹，并有了钱币的流通，足见陈元光实行“惠工通商”政策，推动漳州商业进步的政绩。

（5）重视教育，推进文化教育事业发展。漳州建州仅百余年，便从蒙昧未开到连连有秀士蟾宫折桂。如贞元八年（792）龙溪周匡业明经及第；元和十一年（816）周匡物进士及第；越二年，漳浦潘存实又登进士第等，可谓是“缦胡之缨，化为青衿”。其文化教育进步之迅速，无疑与陈元光开创漳州，并推行较为开明的政策，尤其是推进文化教育的兴革有关。

回顾陈元光自未弱冠之年即随父率众平闽，直至殉职，始终坚守在闽戍地，长达四十二年；其间平定闽粤，创辟州县，倡兴庠序，屯垦安民，堪称功绩卓著；终因保卫社稷而捐躯，百姓哀之。事闻于朝，遂于先天元年（712）诏增秩赐谥，并于漳江畔之州治所在地为其建立祠庙。开元四年（716）徙州治于李澳州（今漳浦县城附近）之后，复有诏重新于治所之西建庙，名“陈将军祠”，并追封为颍川侯。乾元二年（759），州治再迁龙溪，复于州治之松州建庙。迨南宋建炎四年（1130），继于州治之城北又修一庙，俗称北庙。自唐以来，除于州治所在地为其立庙崇奉外，历代朝廷对陈元光多次追封，如《宋会要辑稿》载：“宋神宗熙宁八年六月封忠应侯，徽宗政和三年十月赐庙额威惠，宣和四年二月封忠泽公，高宗建炎四年八月加封显佑二字，绍兴七年正月又加封英烈二字，十二年八月加封英烈忠泽显佑康庇公，十六年七月进封灵著王，二十二年七月加封顺应二字，三十年又加封昭烈二字。”又如，明洪武二年（1369），敕赠“昭烈侯”；万历七年（1579），敕赠“威惠开漳陈圣王”。清乾隆四年（1739），御赐宫灯一对，御书“唐高封祀典开漳圣王”。

溯自唐总章初年，以归德将军陈政为开漳先驱以来，经其子元光为之奠定基业，继由其孙珦、曾孙酆、玄孙谟蝉联刺史。虽其一家为戍闽而牺牲者先后共六人，然自陈政将军以下，五代相继，领袖一州，率众启土，遗爱万民。惜唐史略而无传，而勋业幸凭口碑犹得以永垂千古。

陈元光及五十八姓军士的后裔在闽南地区落地生根，成为日后漳州、泉州、潮州地区的主要人口成分。自唐以后，开漳后裔不断向台湾、香港和东南亚地区迁徙，落籍当地的同时，也传承了开漳圣王信仰文化。从此，开漳圣王成为两岸共同信奉的神祇。千百年来，两岸百姓用自己的方式纪念着这位创业先人，为他而建的威惠庙香火长盛不衰，更见其影响之深远。

“开漳圣王信俗”呈现了民众崇功报德、敬祖尊宗和思源报本的一片深情，成为闽南、台湾、粤东民间祈福禳灾古风和民间迎神赛会。每年农历三月初十“王公生”（陈政诞辰日）和二月十六日“元帅爷生”（陈元光诞辰日），柘林信众皆分别至崇政古庙、元帅爷庙虔诚祭祀，请戏班演戏娱神。每年正月十六日，霞塘社以房头为单位，在祠堂摆大桌，入庙里抬请元帅爷及诸神明到祠堂祭拜。祠内香案高置，供桌蝉联，供品如山。社戏开演，人似涌潮，人神同乐，表达了民众祈请开漳先贤庇护他们康庄幸福的朴素愿望，此谓“摆会”。正月十六日晚至十七日上午，请元帅爷诸神明巡安。“营神”队伍绣旗前导，4名身着戏装的童男抬一对宫灯先行，民众扛抬坐着神像之神轿，鼓乐队簇拥，伴以锣鼓笙笛，巡游社区村庄。所到之处，鞭炮争鸣，沿途民众摆设香案恭迎圣王銮驾。十七日下午“走颂”，这是祭拜献供盛典活动的高潮。霞塘社族老带领预先选定的数十位青壮男子，每四名健儿编成一组，各组共

陈政与陈元光石雕像（杨展鹏摄于漳州将军山）

扛神轿，按先后顺序列队待发。鸣锣开道，神轿启程。各组健儿共扛神轿奔跑，以时速、势壮、姿美者为胜。最后众人簇拥神像入庙。待神像安座，礼炮再鸣三响，仪礼结束。这一环节再现了当年开漳先贤驰骋疆场的威武雄壮场景，是一种特殊形式的民间体育运动，表达了民众对开漳圣王的深切缅怀。

开漳圣王（右）（杨展鹏摄）

营神赛会（杨展鹏摄）

风景独好

旗头山

1956年春，国防部长彭德怀元帅莅临柘林镇旗头山视察。2010年12月7日，中共中央政治局委员、广东省委书记汪洋乘车到旗头山下，实地考察了正在建设中的亚太通用码头。随后，汪洋书记来到大唐电厂，参观电厂码头并详细了解电厂运营情况。旗头山，这个地图上难以查到的地方为何引起中央领导同志的重视呢？旗头山位于柘林镇南隅，主峰115.5米，其东南面与南澳岛隔海相望，扼控浙、闽、台入粤的海上通道，西面是出入柘林湾的门户小门港，南面是航标岛青屿，并与北面的下岱烟楼山互为犄角，战略位置十分显要。《东里志》载："铜旗山，在下岱南海滨，山下皆白沙，如旗带，故云。或以为岐山，又名白沙墩。万历三年（1575），兵道金松涧新立望墩于此。今云旗头。"旗头山距台湾高雄只有177海里。1950年，解放军在此构筑炮兵阵地。2月23日，柘林、大埕、海山等地1 927名民兵、船工，驾驶535艘木船，运载解放军指战员从这里渡海，在强大炮火的掩护下，解放军一举打垮了盘踞在南澳岛的国民党军队，解放了南澳岛。1953年驻守金门岛的蒋军突袭福建东山岛。作为与东山岛近邻的旗头山自然成为海防战备要地。

旗头山地势险要，历来是兵家必争之地。明清时期，"柘林为岭东第一关"（清《国朝柔远记·沿海形势论》），在广东海防上有着重要战略地位。"百二山河下岱全，柘林成旅自年年。金门（柘林港水道）潮涌咽喉地，月照矶（旗）头沙影妍。"明代东里才子曹宗在《东里纪咏》中道出了柘林地势之险要，历来是军事重地。早在明嘉靖年间，郑若曾在《筹海图编·广东事宜》中云："柘林乃南澳海道门户，踞三路之上游，番舶自福趋广，悉由此入。"可见，东路的中心防区就是柘林。《海防考》也载："柘林波连南澳，跨闽粤之交。他寨或山或礁或港，皆有险可恃。此独四面孤悬，无附近卫所可以缓急。故其备为最切。"清代李调元在《粤东笔记》中亦道："广东海防，当分三路。三路者，左为惠、潮，右为高、雷、廉，而广州为中。惠、潮二郡，皆与福建接壤，而潮尤当其冲。柘林、南澳皆要区也。由柘林而西，大城、海门、靖海、蓬洲诸所，又西接甲子门、碣石、平海诸卫所，皆为西南之庇。倘柘林、南澳失守，是无潮也；平海、碣石失守，是无惠也。故惠、潮之备，以柘林为最要。柘林乃南澳海道之门户，据三路上游，番舶自福趋广，皆由此入。澳去惠、潮水寨，远几百里，水寨为惠、潮之要冲，而柘林为水寨之卫。慎固之防，不可不豫，而大城所声援差近，备尤不可或疏也。"

据地方志记载：明正德年间朝廷在柘林凤山之麓设守备营。万历三年，兵道金松涧在下岱大肚山尾、旗头山、鸡髻山设烟墩。清顺治八年（1651）“柘林镇设游击 1 员，水师 1 000 名，中军守备 1 员，千总 2 员，把总 4 员……”康熙年间，在旗头山鸡母澳设立炮台，有营房 26 间，驻兵 62 名；在象头港和尖山设汛地兵营。古代通信设备落后，在海防要塞之地设望墩，遇敌情燃烟为号，以便调兵来援。

万历二十六年（1598）四月，倭寇大舰 10 余艘进犯柘林。五月十八日，惠潮兵备道副使任可容与勇士陈聪在旗头山设下奇谋，伪装渔船数艘，来回于柘林与南澳之间的海域，以主力埋伏在旗头山下，诱倭寇至岸边，伏兵齐出，奋勇杀敌。结果生擒真倭 4 名、贼首 3 名、通事 1 名，斩贼 15 名。

旗头山（肖建生摄）

炮台（杨展鹏摄）

今山上遗存的康熙五十六年（1717）的旗头山炮台是潮州府海防军事设施之一。该炮台的东、南、西三面临海，北倚高山，与南澳岛猎屿炮台形成钳形，呈凸字形，系贝灰河沙夯筑而成，台墙高约8米，厚3米，周长约200米，面积1 100多平方米。城堡内构筑营房26间，驻兵62名，城隅置望墩2座，炮台2处，置火炮8门。台分前、中、后3座，前座为炮位和望墩（观察台），中座为仓库，后座为营房，厨房和餐厅连接正座北侧，山背还建有马房3间。中华人民共和国成立后，解放军在此驻扎，构筑炮兵阵地。1958年8月，在全民大炼钢铁运动中清代遗存的8门火炮被搬运去炼钢了。1988年10月，该古炮台被公布为县级重点文物保护单位。

旗头山是风光秀丽的旅游胜地。古铜色的山峰被漠漠的赤沙淹了一截，沙埔绵延一里多长。从海上远眺，山峰沙埔冉冉浮现于碧波之上，映日生辉，宛似旗头飘带，故名“旗头山”。

旗头山汛地营盘的右侧有块十几丈高的岩石，背山临海壁立。平滑的石面向海略呈倾斜。站于石上，俯瞰岩下，惊涛击岸，浪花四溅，令人胆战心惊。乡民称此石为“忠臣石”。相传南宋景炎元年（1276），陆秀夫拥宋帝昰在浙闽沿海抗元兵败，南逃潮州，舟师驻跸于旗头山下。近海有一硕大异常的章鱼出没吞噬军士，后被陆秀夫砍断一足，并怒投朱笔，将章鱼钉死于岸边石壁上。至今尚可看到只有七条半腕足的“章鱼石”。后来宋廷兵败崖山，陆秀夫负帝蹈海。噩耗传来，时有一位在柘林养伤的南宋遗臣，不愿受辱，从此石蹈海殉忠。后人感怀此事，曾在石上手书一联，云：“丞相治章，除孽宁波，功绩历久益彰；遗臣蹈海，精忠报国，英烈永世堪歌。”

旗头山之东南麓有一巨岩，宛若孔夫子之冠，自然壮观，为山岩增添神妙风韵。岩下漩涡湍急，渊深莫测，称为“孔子潭”，寓意隽永。距“孔子潭”约二百米处，是两山相接的山坳，缺口天成，常年风声飒飒。若刮起东风，难以在此立足，故名“风门”。旁有一巨大的天然石壁，上面镌着“天南海角”四个大字（正楷，阴刻，每字46厘米×38厘米），此系明万历九年（1581）秋日，望山詹保彪题刻（《饶平历史文物》第97页，2007年版）。沿“风门”的“天梯”下山，可达“蛤蟆坑”。山坡之上，有块状若蛤蟆的岩石高数丈。映入眼帘的则是一片金黄耀眼的沙丘，恍如北国大漠雄浑的风情。游人有兴，或坐或卧于沙上，瞬间就会被滑滚至山脚，其乐无穷。蛤蟆坑东面是一道半月形的海滩。这里面向外洋，无风三尺浪，层层白浪，前追后逐，一波又一波不停息地抚摩着沙滩，一条条的银边给浩荡的大海镶上了银框，使大海变得迷人美丽。徜徉海边，巨浪排空，涛声轰鸣。近海小舟，随波逐流，远海征帆，景色天成。“铜旗观潮”为柘林胜景之一。

旗头山还是得天独厚的深水码头建设基地。如今，旗头山下座座新城正拔地而起。2004年1月在山下的下岱埔开工建设的总投资为59.29亿元的大唐电厂，拥有大唐集团公司首批百万机组，是大唐集团在广东省最大的在役火力发电企业。装机容量规划为5 200MW，一期工程为2×600MW的1、2号机组，分别于

澳前的宋末帝室群雕，从左至右为张世杰、赵昺、杨淑妃、赵昰、陆秀夫（张岚摄）

忠臣石（杨展鹏摄）

2006 年 5 月、7 月相继投产发电；3、4 号机组正式投产后，总体发电量将达 320 万千瓦，年发电平均约 170 亿千瓦时。2006—2008 年发电量分别是 22 亿千瓦时、60 亿千瓦时、70.5 亿千瓦时。（新华网 2015－04－13）

2009 年 5 月 8 日在旗头山下举行奠基仪式的亚太通用码头项目，属“广东省新十项工程”的重点项目之一，计划建设 1 个 3 万吨级（水工按 10 万吨级设计）和1个5万吨级（水工按10万吨级设计）的通用码头，年设计吞吐能力440万吨，预计总投资为8.7248亿元，分两期建设，首期工程已于2010年7月开工建设。2012年7月份开始，码头的吞吐量一年一个台阶。2012年下半年至2014年，码头的吞吐量分别为29万吨、185.56万吨、281.67万吨，其中2014年比2013年同比增长51.79%。2015年1—9月份的吞吐量为254万吨，同比增长73.33%。（中国港口网2015-11-26）

大唐电厂和亚太通用码头项目，对潮州经济发展起着龙头带动作用，它的建设发展对潮州乃至区域性的发展起着举足轻重的作用。明代东里才子曹宗的《烟楼山》诗云："叠叠重重接大荒，金门作对照祥光。凌空烟阁高唐国，吐气烟楼起岱乡。若匪仙翁炊玉饭，或疑神女焚兰香。寻芳游子石阶上，飞绕云霞满袖裳。"随着大型建设项目的相继落户，柘林先民的"海滨久后成海市，地角将来胜地中"的愿望必将成为现实，旗头山也将名闻五洲四海。

（原文于20世纪80年代初发表于《汕头日报》，1985年12月和1993年分别被饶平县文联收编入《饶平风光》和《三百门》，本次编辑时有修改）

深水良港（杨展鹏摄）

七夕井

朋友，你见过海底温泉吗？

陆地温泉早已司空见惯，然而海底温泉却是一处难寻。据相关资料介绍：当今全球仅 11 个国家 30 余处拥有这一世界级稀缺资源，且因大多数地处深洋海底，开发难度极大。目前只有意大利西西里岛、中国台湾绿岛、日本伊东等少数地方的海底温泉得到开发利用。

柘林古镇有一处尚未开发利用的海底温泉——七夕井。七夕井原位于柘林港海底，现为陆域，利于开发利用，举世罕见。早在明万历二年陈天资编修的《东里志》就记载："在柘林海中，有泉七眼，潮大则弥漫不可见，潮退则泉涌出，其味甚甘。"因其排列宛如天上七夕星座，故名"七夕井"。明成化十六年（1480）庚子科孝廉、兴化州学正陈宪（字崇章，号直斋，柘林下岱人）有诗云："海列甘泉七井清，蛎生海石甲峥嵘。象头出浴钟灵妙，狮颊吞流壮古形。航挂金门催浪急，鸥眠雪岛弄潮鸣。南天风景堪描画，那解刊题万古名。"明正德丙子科举人杨骥（字仕德，饶平浮山人。与弟鸾被称为潮州"二凤"。）亦赋诗《七圣井》云："海井谁穿久不湮，龙宫为泌养灵真。相这（音"企"，避也。）苦海泉源淡，常壅恒沙底自奔。踪显女神栏设境，位分北斗盖灯新。圣奇未入外经载，观觅旧库取七珍。"故又称"七圣井"。

1966 年 12 月，柘林公社发动社员围海造田。1973 年 1 月围垦工程竣工，围海面积 0.25 万亩，"七夕井"被围在"柘林围"中。20 世纪 80 年代初，国家地质队对"七夕井"进行勘查，确认"七夕井"是海底温泉。此处尚存活井六口，井面周圆，深邃难测，最大的一口直径约 10 米，其余五口略小。井水清盈，质咸偏淡，每逢冬春两季，海面气温较低，井中昼夜冒烟，热气腾腾，雾霭重重，温泉表层水温约 50 摄氏度，5 米深处温度达 98 摄氏度，6 米深处温度竟达 100 摄氏度以上，日流水量超 300 吨。据勘查报告显示："七夕井"海底温泉之水质属于氯化物钠钙类型，具有较高矿化度，富含多种对人体具有保健功能的有益元素，达到溴水、锶水、硅水、砷水医疗热矿水命名指标，氟、偏硼酸、偏砷酸、氡达到具有医疗价值浓度，是十分优质的海底热水资源的可贵天然资源。20 世纪 90 年代，惠云浴场采用泵站从井中抽取温泉水引送至距井区 1.7 公里的海滨浴场进行简易利用。后来因国家建设项目之需，惠云浴场被征用。

"七夕井"对绝大多数人来说都只是闻其声名而"不识庐山真面目"的地方。2012 年 11 月 23 日起点于国道 324 线碧岗路段，终点至大唐电厂的潮州港进港公路通车。柘林围的部分虾池成了进港公路的路基，原深居海底的“七夕井”也因人工填海而变成陆地了。

七夕井奇观（杨展鹏摄）

七夕井附近的惠云温泉浴池（杨展鹏摄）

“七夕井”区是一个景色优美的世外桃源。这里终年热波喷涌，气浪滚滚，热雾袅袅，淡淡的硫黄味扑鼻而来，置身其中，如临仙境。热气腾腾的水柱日夜不息地从泉口喷薄而出，似玉珠飞溅，银链闪耀，白莲盛开。弥散的水雾时常会反射阳光而呈现出彩虹般的绚丽色彩，蔚为壮观。黄褐色，间杂灰白色、蓝绿色的硫黄晶体和沉淀物随处可见，周边的野花争奇斗艳，让人感受到大自然的神奇造化，感受到那是一片躁动和充满活力的土地。

这处天然温泉，源自大海深处，源源流淌，经年不息，是罕见的优质海底温泉。泉水清澈透明，富含多种有利于人体健康的微量元素和矿物质。据医学杂志介绍，海底温泉有良好的健身祛病功效：首先，它可以降低神经末梢的兴奋性，缓解肌肉、肌腱和韧带痉挛及僵直状态，产生镇痛效果；其次，海底温泉有活跃单核巨噬细胞系统的吞噬功能，起到抗炎消肿、解痉镇痛作用；再次，它能改善局部的血液循环，促进新陈代谢，并能减少炎症产物及代谢产物的堆积，加速组织再生能力和细胞活力，有利于水肿的消退及组织的修复。功效如此卓越的海洋温泉就在我们的家门口，这是大自然的馈赠，更是一处旅游宝藏，潜力无限！若能以“海上桃源”为开发主题，营造体现海底温泉之绝、“海上牧场”之奇、海上运动之乐、沙滩阳光之悠、渔村美食之妙的休闲度假特色和自然、生态、古朴、乡野的景观特色的大型旅游区，神奇的“七夕井”将造福人间。

金狮湾浴场

夏日，伴友人到金狮湾浴场。它位于柘林镇的旗头山东南面海湾，这是一个被大海拥抱又被阳光亲吻的海湾。这里有一望无垠的蓝色海洋，更有洁净柔细的黄金沙滩，无论你走到哪里都可以呼吸到海的气息。这里的山势在海上远观，宛如一头卧狮，昂首怒视前方，张开大口，露出獠牙巨齿，显出一副威严难犯的神态，因而得名“金狮湾”。海湾背依葱茏郁茂的木麻黄林带，面对浩瀚无垠的碧海，东连清代的铜旗汛地，西接繁忙的柘林渔港。湾长 3 200 米，状如一钩新月，镶嵌在湛蓝的大海上。青山绿水间是宽达 80 米以上的平坦沙滩，沙质细腻而洁净。潮退后，沙滩宛若金黄色的地毯横铺在蔚蓝色的海湾边。青山如黛，苍翠欲滴，海水蔚蓝，清澈见底。滩头奇峰挺秀、怪石生灵，大自然造化得如此钟灵毓秀，令人叹为观止。欧美友人莅临此地，触景生情，赞其为“东方夏威夷”。

金狮湾就像是澎湖湾的老外婆。她风平浪静，吸引了无数的男女老少投入她的怀抱之中。这里的天格外的高远明朗，海分外的洁净蔚蓝，潮水在沙滩上卷来又退去，此起彼伏的激荡，是大海安静而均匀的呼吸。面海观潮，视线所及，银帆轻飘，白鸥竞翔，海天如一幅壮阔无比的油画。海湾上一个个女子，如出水芙蓉，襟飘带舞，美丽可爱。阳光、沙滩和海浪，吸引着成千上万的弄潮儿前来搏击大海。千米沙滩上，留下多少脚印；接踵而来的浪花中，又寄寓过多少游人的欢笑和梦想。

在离开金狮湾的时候，一首老歌仿佛在我耳边悄悄回响：“小时候，妈妈对我讲，大海就是你故乡。海边出生，海里成长，海风吹，海浪涌，伴我漂流四方……”

金狮湾浴场（肖建生摄）

白鹭天堂

雪作毛兮玉作肌，江头独立许多时。
只因啄食归来晚，误入羲之洗砚池。

诵读明代东里才子曹宗的《题鹭鸶》，一睹白鹭芳容的欲望油然而生。柘林的“白鹭天堂”位于柘林湾的东南部，是一个面积只有 2.2 平方公里的小岛。因位于柘林古镇之西，且海湾多，故名“西澳岛”。岛上多树木，又名“西林岛”。海岛西北—东南走向，长 2.17 公里，宽 1.5 公里，岸线长 6.13 公里。岛上丘陵起伏，西部较高，东部次之，中间低平。海拔 96.8 米的西澳山，为全岛最高点。修竹茂林掩映着旧乡、新乡、花园三个自然村，人口 1 530 人，大多以捕鱼和浅海作业为生。20 世纪 70 年代初，我曾在岛上执教，在那个火红的年代，有谁去关注岛上的白鹭有多少呢？近年来，媒体频频报道岛上的白鹭奇观，吸引了众多游客上岛观赏，也唤起我故地重游的欲望，去欣赏白鹭的风姿，感受天鸟人合一的境界。

“五一”假期，我约两位影友同赴西澳岛。黄昏，我们抵达大屿码头，乘小机船，经过大金门水道海区，这里是我国最大海水网箱养殖基地之一，面积 15 多万平方米，有 3 万多格网箱。这些渔排每单位由几个至几十个网箱组成，规则地铺在海面上，排与排之间留有可供小船通行的水道，而这些水道又与可供大船航行的大水道相接，俨然是一座浮动的海城。养殖户在渔排上搭小木屋居住，日出而作，日落而息，成为“海上人家”。夜幕低垂，点点渔火令人陶醉，“柘林渔火”为“潮州新八景”之一。

靠海吃海，大海，正是柘林人眷恋的家园，在他们的眼里，自家门前这片波澜壮阔的大海，似乎是一个无边无际的特殊牧场。没有一望无际的绿草，更没有成群的牛羊。见到的是错落有致的海上渔村，一条条水巷相连，一个个渔排相接，而水下的网箱里有着数不尽的名贵海鲜。20 世纪 80 年代，我曾在这里的渔排养过鱼，因此有一番回家的滋味，倍感亲切。小船悠悠，凉风习习，渔排上一片静谧，白鹭在海城上空飞舞。霞光中炊烟缕缕，海面波光潋滟，成百上千个渔排仿佛自成韵律的线条，勤劳的渔民兄弟在夕阳中成为凝固的剪影。我们不停地按动快门，拍下这如诗如画的情景，不知不觉便到达花园村码头。夕阳即将西下，正是倦鸟回巢的时候，成群结队的白鹭从蓝天碧海间飞回花园村西南角的涌尾山，山坡上好像开满了雪白的山茶花。

白鹭天堂（肖建生摄）

晚上，我们住在庚弟家里，用过丰盛的海鲜晚餐后，大家边喝茶边围绕鹭鸟的话题聊了起来。庚弟告诉我们：听说黄嘴白鹭已被列入世界濒危鸟类，我国将它列为国家二级保护动物。黄嘴白鹭不像海鸥那般聒噪，虽群居却好静。鹭鸟在这里繁衍已有近十年的历史了，开始数量较少，随着各地生态环境的恶化，山明水秀的西澳岛却成了白鹭的天堂。岛的东北和西南面的大小金门网箱养殖区是我国最大的海水网箱养殖基地之一，海域上有数万格网箱，养殖石斑鱼、金鲳、鰤鱼、鲈鱼、真鲷等鱼类，被媒体誉为“海上牧场”。网箱养殖残留的漂浮饵料，是鹭鸟的美食。它们自由自在地在这里觅食、安然栖息、产蛋育雏、繁衍后代。每年清明节前后，群群白鹭从四面八方飞到这里筑巢安居，高峰期有成千上万只。你们来得正是时候，此时正是黄嘴白鹭繁殖的季节，白鹭开始交配、占枝筑巢、产蛋、孵化哺育、教飞。最有趣的是筑巢，若白鹭发现旧巢破损或不复存在，一般还会在原处重新筑巢。筑巢是由雌雄鹭共同完成的，多数时间是雌鹭留在巢边，雄鹭外出寻找巢材，衔回交雌鹭筑巢，双方配合默契，彼此尽心竭力，衔枝叨草装修旧巢，有时每天辛勤往返竟超过百次。白鹭在繁殖期间，在一定的区域内，决不允许其他鸟类，特别是同种鸟类进入。

在座谈中，我们领悟到：成群的白鹭栖息在西澳岛，不仅给小岛带来了更多的生机与活力，也为小岛平添了一道和谐亮丽的风景线。村民们认为，白鹭是吉祥鸟，鹭鸟来这里安居，是海岛祥瑞之兆。他们都由衷地希望白鹭能在这里安家落户，与他们以及子孙后代和谐共处。从他们的言谈中，可以看出西澳人的心灵是多么的淳朴和可爱，就像这些白鹭一样纯洁美丽！常言道“人择邻而居，鸟择林而栖”，白鹭偏偏爱上西澳岛，不但因为这里的青山绿水，更因为这里有那些深深爱护着它的人们。我们需要白鹭，白鹭也需要我们的保护，这样，我们的子孙后代还能望见天空上飞舞的白鹭，背诵着“一行白鹭上青天”“西塞山前白鹭

白鹭天堂——西澳岛（肖建生摄）

飞，桃花流水鳜鱼肥”这些古老而优美的诗句。

第二天，庚弟带我们来到涌尾山。只见在茂密的树丛掩映下，鹭巢一个接一个，处处见鹭影，充耳闻鹭鸣。数不清的白鹭落在树枝上，真像是绿树上开满了白色的花朵。它们在枝头上成双成对，相依相伴，时而“唧唧咕咕”呢喃，时而悠闲扑翼，表达着对彼此的爱意；又时而发出一两声长鸣，亮翅起飞，追逐戏耍。

有的母鹭正在喂食嗷嗷待哺的稚鹭，有的站在枝头晾晒、梳理着洁白的羽毛。它们是多么的优雅从容，风情款款。雪衣雪发青玉嘴，一树梨花落晚风。雪白的蓑毛，流线型的体态，像一个个盛装登台的舞者，体态轻盈，婀娜多姿，袅袅婷婷，顾盼流转，纤细的腿，灵活的爪子，随时都可以一跃而起。一阵风吹过，一群白鹭展翅向空中齐飞、滑翔、再栖落，白羽凌然，翅膀在阳光的照耀下闪闪发光。这就是王维笔下的“漠漠水田飞白鹭”的秀丽画卷，是杜甫眼中“一行白鹭上青天”的明丽风景，是古诗中“振鹭于飞，于彼西雍”的气度不凡的白鹭，是郭沫若心中流淌过的一首诗，“一首韵在骨子里的散文诗”。

聆听白鹭动听的呢喃，观赏其雪白的羽毛和美妙的姿态，让我和影友流连忘返，几乎进入物我两忘、情随物移的境界。美好瞬间会有稍纵即逝的遗憾，影友们纷纷配上可远摄的长镜头或者拉近镜头，更近距离、更细腻清晰地拍摄白鹭的美姿。尽管太阳炎热，但大家都拍得饶有兴味。我是第一次拍摄白鹭，第一次近距离和黄嘴白鹭亲密接触，那种感觉美极了。

有人说，白鹭是生态环境的标尺。生态环境好，白鹭就会繁衍生殖。反之，环境恶化，白鹭就愈来愈少。到处都有白鹭飞翔，这是西澳岛的亮点。它使这个名不见经传的小岛声名远播。从古至今，人们喜爱白鹭，文人骚客的诗卷里，不乏对白鹭赞美之词。翻开古诗，信手拈来：“游鱼顾影惊寒月，白鹭迷群下夕阳”“花开红树乱莺啼，草长平湖白鹭飞”“锦石照碧山，两边白鹭鸶”“白鹭下秋水，孤飞如坠霜”“渌水净素月，月明白鹭飞”……你看，美好的意境总离不开白鹭的衬托。白鹭实在是一首诗，是一首朴素的、优美的“诗”。吉祥之鸟，美丽之鸟，尽情地飞翔吧！更期待年年春天到这里，能见到白鹭在青山绿水的西澳岛上续写一行又一行的诗句。

齐心协力筑巢（杨展鹏摄）

民俗风情

话说疍民

一、疍民的来源

疍民，是我国水上居民的旧称，主要分布在两广和福建东南沿海一带。其生活习俗的最大特点就是“浮家江海”，“以舟为居”，数百年来一直过着水上的“游牧”生活，被誉为“海上吉普赛人”。因最初汉人见疍民使用一种特殊形状的船只，船之首尾皆尖高，船身平阔，其形似蛋，故称“疍船”。（《太平寰宇记》）又因其生活在船上，以船为家，故又称“疍家”或“疍户”。20 世纪 50 年代初，东南各省的疍民曾一度被视为我国的一个少数民族，但在 1955 年的民族识别调查后，国家认为疍民由于长期已同化于汉族，大部分失去了原本的民族特征和意识，因而认定为汉族的一部分。

关于岭南疍民的来源，众说纷纭。明清方志记载，秦朝征服岭南时当地土著越人逃亡江海，疍民就是这些人的后裔。也有学者认为他们是元朝灭亡时，居住岭南之蒙古人被赶入海，变成疍民。汉晋隋唐时期，长江中上游曾生活着一个名叫“蜑”的族群，宋代以后，他们逐渐从历史舞台上消失，而在岭南出现了同名为“蜑”的人群，故有学者认为岭南疍民就是从长江中上游迁徙而来的“蜑”人。

实际上，从遥远的新石器时代晚期起，“疍家”先民滨海越人就生活在岭南。贝丘遗址考古发掘证明，滨海越人以采集蚝、蚬等贝壳动物为生，这与疍民的谋生方式相同。广东高要县茅岗遗址考古发现再次证明，这里的先民结栅棚聚居水上，从事渔猎繁衍生息，是疍民之先民。疍民所操方言也保留了古越人的痕迹。此外，疍民住干栏式建筑，善伐木造船及水战，崇拜蛇图腾。这些生产生活方式及文化习俗与滨水越人相同，文化传承一致，族群演变清楚。由此可见，“疍家”先民很早就生活在岭南大地，其生产生活方式和风俗习惯是在适应岭南地理环境的过程中逐渐形成的。

宋统一岭南后，当时文人援用典故，将岭南水居越人命名为“蜑”，这是岭南“疍民”得名的开端。在漫长的历史长河中，又不断有陆上群体加入疍民行列，其中有逃亡江海的汉人，也有来自东南亚的安南人、占城人、马来人，还有中国的瑶族等，使岭南疍民这一特殊族群的构成不断复杂化。因此，疍民又是一个文化称谓：舟居生活、以江海捕捞为生者皆被视为疍民。

岭南疍民分布广泛。内河区域分布最多的是广东珠江、韩江、北江、东江、西江、漠阳江等，广西西江、浔江、贺江、柳江、郁江、邕江等主要河流及其支流也有不少。沿海地区则从饶平柘林至广西的北部湾、海南环岛的沿海港湾都有分布，其中以珠三角沿海地区最为密集。他们最初主要聚集在通都大邑水面，随着人口的增加，向更边远的河海腹地辐射，分布更加广泛。

岭南疍民到处流动，时常游离于政府的管辖之外，历代政府难以对其人口数量进行统计，因此，历代岭南各地到底有多少疍民便无从查考。岭南历代方志中对疍民户口数的记载多为纳税人口数，而非实际人口数。据1953年广东疍民调查组估计，广东疍民人口总数约有90万，其中沿海约15万，珠江三角洲沙田约60万，内河约15万。由此可见，疍民在岭南人口比重中占据重要地位。

历史上疍民所受的压迫与歧视十分深重。他们不能上岸定居，没有受教育的机会，不能参加科举考试，陆上居民不与他们通婚。疍民有谚语云："出海三分命，上岸低头行，生无立足所，死无葬身地。"这正是其悲惨生活的写照。

直到清雍正年间，政府才宣布开豁疍户。此后，清朝历代政府都注意保护疍民的经济权益，但对他们的政治禁锢始终没有废除。民国时期，孙中山以大总统令宣布开放疍户，赋予他们平等的公私权利。但由于政局动荡，国民政府没有解放社会底层的疍民。

中华人民共和国成立后，党和政府通过族群自治解决疍民政治待遇，通过经济扶持帮助他们脱贫致富，通过长期的政治思想工作解决他人对疍民的歧视，通过搬迁上岸最终使他们融入陆地社会。

柘林镇的疍民系清末从珠江三角洲的顺德、宝安、番禺等地漂流到饶平沿海捕鱼的，他们以柘林港为临时泊居点。其中有冯、黎、黄三姓，冯姓来自宝安县，有30户；黎姓来自顺德县，有20户；黄姓来自番禺县，只有几户。中华人民共和国成立后，他们仍居住在柘林港东兴围岸边的破旧疍艇。1964年，县人民政府和柘林公社帮助他们上陆地定居，当地划给土地供建房，县政府每户资助一千元，统一建筑三层钢筋混凝土结构楼房10余幢，疍民于1973—1976年陆续移居入室。至2000年已衍派70户335人。1970年，疍民冯二根被评为省劳动模范。

1961年柘林疍民组建拖船队，1979年改称海洋渔业大队，1989年成立柘林渔业二公司，同年改称海洋居委会。海洋居委会现有辖区面积0.04平方公里，人口505人，居民聚居在海洋新村，大多从事海洋捕捞业或外出务工。

二、疍民的生活习俗

历史上，疍民终生以船为家。据史志记载：疍民"其人以舟为居，以渔为业，浮家泛宅，逐潮往来，江干海澨，随处栖泊。各分港澳，不相凌躐"。他们的经济来源主要为近海和内河渔业、水上客货运等，大部分人生活非常贫困，而且经常受到台风、海盗等天灾人祸的威胁。在中华人民共和国成立以前，绝大部分疍民受教育程度极低。20 世纪中叶以来，随着疍民大批上岸定居，疍民的传统生活方式逐渐改变。

（一）疍民的服饰

疍民的服饰与汉族基本相同，旧时以唐装为主，随着时代的变迁，现在以时装为主。原生态传统疍民衣裳与旧时大襟衫相似，女装为阔大袖口、宽短裤脚的黑布斜襟样式，衣着颜色以蓝色为基调。男女都穿着短、宽、窄袖的上衫，宽短的裤子于足踝之上。

疍民有戴海笠（垂檐渔民帽）的习惯。疍家妇女喜爱留长发，姑娘们把头发结成不容易散开的五绞长辫，发梢上缀红绒，休闲时就让长辫摇晃垂及腰际。结了婚的妇女把长辫在头顶上盘成髻。最引人注目的莫过于包在妇女头上的毡布（头巾）。它是一块 2.5 尺 ×2.5 尺的黑色方布，四边用红蓝绿等各种颜色丝线绣成的小斜三角，手工精细，颜色错落有致。披戴毡布时，先对角折成双层三角形，然后在中间放入一长形椰衣（硬纸片也可以）。这种毡布披在头上，成一拱形，突出额头一两寸，护着双耳，两边脸庞各露一半。一些未婚的渔家女则用红色的毡布（头巾），或者平边毡布。

疍民妇女还有专门的短裤，长度只到膝盖上端，配以蓝色或灰色的色调，显得质朴而纯美。裤子的后面则是往外翘，以免下海捕鱼把裤子弄湿。妇女还在腰部裤子上系着银腰带，因出海时，海上潮湿的空气容易使腰部沾上水气，引起风湿。但银腰带恰好避免了这一点，且美观、实用。

疍民还有赤足的习惯。疍民妇女穿耳，梳尖螺髻，髻尾朝天，老年妇女则结髻，她们的髻上插着五寸蛇形长簪。

（二）疍民的饮食

疍民是最善于海鲜烹饪的族群，每天三餐不离海鲜。疍民讲究的是食材的天然和新鲜，原汁原味。他们将水烧开，把刚从江海捞上来的鱼虾洗净，放入水中煮熟，加些盐、姜，辅以蒜、酱油即可。即使是贝壳类也只加点蒜茸即可，煮熟后撒些葱花，既提味又好看；既有香气，又保持了野生海鲜的鲜味和口感。疍家咸鱼煲是传统的美食，原料是咸鱼干配以肥猪肉，猛火烧开，再文火焖焗。咸鱼里的高盐分直接渗透到肥肉中，而肥肉中的油脂又将咸鱼的香气勾带出来，两种食材相得益彰。无论是搭配干饭还是粥，都是开胃送饭的首选，满足了终日在海浪中颠簸劳累的疍家人对生活美食的朴素追求。

（三）疍民的住所

过去疍家人以舟为家。《岭外代答》“蜑蛮”条云：“以舟为室，视水如陆，浮生江海者，蜑也。”他们往往选择港湾坦地，几艘或数十艘艇船聚集停泊在一起。在沙滩搭建几间茅棚，作为聊天、议事或祭拜之场所。

疍家人日常生活均在艇船上。小孩每天要用绳子缚于腰间，并系于船中木桩上，不得自由走动，以防堕水。胸前还要系个木葫芦，以备不慎堕水时不致沉没。疍民生产劳动在船头的甲板上，船舱则是家庭卧室和仓库，而从事水上运输的疍民则将船舱作为客舱或货舱。船上没设厕所，船尾就是排泄的场所，疍民常用粗竹筒从裤管伸入胯下接尿。有的疍民还在船尾饲养家禽。也有疍民在港湾滩涂上建筑干栏式居室。先在岸边打木桩，然后将破旧艇船架于木桩之上作为居室，或者在木桩上铺设木板搭建房舍，其内部空间十分狭小，这种房舍被称为“四脚楼”。

（四）疍民的婚嫁

疍民未婚男女分别于船头放盆草、盆花，以招致媒妁。婚娶以酒相赠，饮于洲岸。姻亲两家联舟，数十男女，互歌为乐。婚姻以疍相通，亦不避同姓，自相婚姻，不与或极少与陆上居民通婚。婚时以疍歌相迎，男歌胜则夺女过舟。结婚前夕，姻亲两家将船泊近，舟中张灯结彩。男家用船接亲，初婚女性用彩艇。迎亲唱问答歌。新娘过门后，新郎用扇子敲新娘的头三下，口中念道：“入我门，食我饭，听我教。”新娘要天天烧香拜妈祖，还要端茶敬长辈。

（五）疍民的禁忌

疍民生活上有诸多禁忌和习俗：在船上不得穿鞋；船头不准用脚踢；妇女的衣服不准晒在船头；禁止陌生人上船；铁锅不能从渔网上端过；饮食时忌汤匙倒伏；吃鱼时不可说“翻过来”，应说“顺过来”；忌说与“沉”同音的话；新郎在路上遇见丧事时，不可正视或与治丧的人打招呼；参加丧礼的人要过一个月后或择吉时方可出海捕鱼；开船时，必先焚香，以祝一帆风顺；所奉拜之神，主要有妈祖、蛇神、财神等；行船时，如遇蛇在海面游，要竭力加快船的速度在蛇的前面驶过；如遇鱼跳上船时，应马上把鱼放回水中，不可食用；船上忌载死人，临终前就把他（她）用一丈二尺长的白布捆于身上，然后丢下海去，家人要驶船环绕三周后才可离开，如果至断气还在船上，则要用黑狗血清洗船板；行船途中遇人堕水，任其溺毙而不救，恐怕得罪水鬼致招祸灾，如遇到死尸，则把尸体捞上来运到岸边埋葬；船上斗殴，败者若走过头桅（船头位置），强者就不能再追逼了，再追逼就陷人于死地，会引起公愤；每年逢农历七月初十，要举行一次“水陆烧幽”活动，以超度溺死水中的亡灵，祈求神灵保佑船上大小平安；每年三月初一为“疍家婆”买力之日；农历十二月二十五日祭灶，与陆上居民十二月二十四日祭灶时间不同。

（六）疍民的渔歌

渔歌是流传于疍民中的民间音乐形式，多来自船妇口头创作，以叹情为主，叫咸水叹，或称咸水歌、后船歌，又称龙舟、木鱼。渔歌以长短句、七言句和五言句为主，押韵不甚严格，多为七言四句体。多用隐喻和双关修辞格，“所赋不离江海上”。其主要分仪式（婚、丧）歌、生活歌、情歌、迁移歌（滩路歌）、劳动歌、儿歌等。以生活歌和迁移歌所占比例较大，内容广泛。如《鲤鱼歌》《五更歌》《十思》《七岁娇》《十二月叹》《十二个月花叹》等。疍家渔歌以其独特的形式，伴随着疍家人的一生，疍家人习惯用唱、叹流畅的疍家渔歌来抒怀解闷，欢乐助兴。他们在嫁娶和喜庆的日子里唱；在出海打鱼、摇船、驳艇时唱；在织网、绞缆时唱，处处歌似清风细雨，情如涓涓流泉。

可惜这种渔歌文化濒临消失，原因是这种传统的渔歌唱法只有年事已高的水上人才会唱。

疍家女（杨展鹏摄）

晒鱼脯（黄振贵摄）

传说趣闻

觉悟传奇

柘林白雀寺内墙壁上有诗一首，云：“未来世界谁是我？来到世界我是谁？觉醒人凡我知谁；悟辞人凡谁知我！”很久以来，人们纷纷传诵，解释纷纭，莫衷一是。题诗者乃是鼎鼎大名的觉悟祖师。如今寺中还有他的塑像。觉悟祖师的逸闻在民间广为流传。

“铜钱锤”收顽徒

话说清代道光年间（1821—1850），黄冈雷音寺（俗称石壁庵）来了一住持，未详其姓字。其人年过六旬，鹤发童颜，逢人合十哈腰，每日礼佛念经，闭目养神，行动迟缓。

一天，老僧携杖上山采药，将其杖置于石旁。被牧童发觉，近前玩摩，觉甚沉重，细观其杖，原是铜制棍棒。用若干大铜钱串心铸铅而成，重百斤有余。后来牧童戏呼老僧为“铜钱锤”。自此，“铜钱锤”成其名号。

黄冈陈家少爷性好技击，四方拜访名师，黄冈十八武馆皆已学遍，自恃武艺超群，上山特邀老僧较艺。老僧敬谢不敏，再三推辞，婉言相劝。陈少爷哪肯罢休，伸手抚摸其和尚头。老僧用手拂开，谦逊地说：

“施主爹，勿耍笑。”转身入寺，陈少爷自觉没趣，怏怏而归。

半月之后，陈少爷周身疼痛难忍，经名医多方调治无效。陈员外细究其故。陈少爷道：“莫非半月前戏弄老僧，被其所伤。”其父深知“解铃还须系铃人”，遂命家仆备厚礼，亲自上山拜谒老僧，恳求为子诊治。老僧见其虔敬，嘱应听其办法，才能为其医治。员外一一应承。老僧将陈少爷倒吊于高树之上，用韭菜在陈少爷身上施以敲扑，拍打者好像没花力气，受之者却像挨了千钧重锤一般，直至全身青紫，体无完肤，口吐鲜血为止。然后用独味草药调治，一月痊愈。

“醉过方知酒浓”，至此，陈少爷才知老僧并非等闲之辈，对他佩服得五体投地。仔细打听其来历，方知老僧原系广东南海豪杰，路见不平，拔刀相助，却误伤人命，只好遁入嵩山少林寺。方丈见他眉清目秀，双眼炯炯有神，尤有侠义心肠，遂将其收留。自此，他隐姓埋名，法号“觉悟”，在少林寺十年，刻苦攻练少林正宗棋昂拳术，练就一身绝技，举手似电，运腿如风。他的“铜钱锤”舞动起来，百十条大汉休想接近他。

陈少爷备了厚礼到雷音寺，恭恭敬敬地跪拜在觉悟法师面前，诚恳地说：

“师傅，请收下我这个冥顽的徒弟吧！”觉悟见其心诚志坚，破例收为徒弟，约其夜静更深方许来寺就学，勿与外人知晓。从此，陈少爷每夜皆备敬师食品礼盒，来寺学艺。后来，陈员外的糖房内常常发现糖水失窃。一夜，陈员外伺机细察，见一黑影以双脚勾住两桶糖水纵身越墙而过。员外细观其举止，认定自家浪荡子无疑，既诧异又高兴，大呼：“好小子，既有此功夫，尽管来取，何用偷窃。”

绝技解鞋带

俗话说“鸡蛋密密也有缝”，黄冈十八武馆闻知“觉悟授徒”之事。各馆武师聚集在一起，总教头说：“此僧不除，我等饭碗难保矣！明早众兄弟集中到石壁庵与那秃驴较量，定叫其领教我等之厉害。”众武师连声应诺。

翌日，众武师各携器械会集石壁庵前，乘觉悟法师不备，将其团团围住，逼其交手。觉悟法师好言劝谕，众武师哪里肯依，非见高低不可。总教头大吒一声，顿时刀枪并举，飕飕作响，声似急风，势如骤雨，众武师各施展平生绝技，誓将老僧剁成肉泥。只见觉悟法师面无惧色，在刀光剑影之中纵跳自如，疾如闪电，猛似虎豹，众武师的强势攻击，未能触及其半根毫毛。双方格斗了约两个时辰，觉悟法师卖个破绽，纵身一跃，远离人群，合掌稽首道：“诸位施主爹，汝等之草鞋带皆被老衲解开了，请回府去吧。”众武师皆相视失色，晓得老僧身怀绝技，自愧不如，齐向老僧拱手服输。

觉悟法师深知此处已非久居之地，遂潜身隐居柘林白雀寺。

风吹岭打虎

当时，柘林风吹岭有只吊睛白额老虎，常出没吞噬人畜，闹得柘林埠鸡犬不宁，人心岌岌惶惶。觉悟法师有心为民除害。

一夜，觉悟束装携锤，斜卧于镇风塔近旁山石。三更时分，忽闻风啸树动，只听得乱树背后扑地一声响，跳出一只吊睛白额老虎来。觉悟见了，从山石上翻将下来，拿起那条“铜钱锤”，闪（避）到岩石边。老虎饥肠辘辘，又嗅到人的气息，把两只前脚爪在地上略按一按，全身向上一跃，又从半空中扑将下来，张开血盆大口，向觉悟法师扑了过来。说声迟，那时快，觉悟见老虎猛扑过来，迅猛地闪到老虎背后。老虎朝背后看人最难，便把前爪搭在地上，把腰胯一掀，立即掀将起来。觉悟又敏捷地闪在一旁。老虎见掀他不着，大吼一声，似晴天霹雳，震得飞沙走石、地动山摇。它把那铁棒似的尾巴倒竖起来，接着使出剪的功夫，觉悟又轻捷地闪到一边。原来那老虎攻击人，惯用一扑、一掀、一剪“三下斧头花”。这三般功夫不奏效时，气性先自消了一半。片刻，那老虎又强打起精神，再吼一声，复翻身回来。觉悟双手轮起“铜钱锤”，朝猛虎打下，老虎跃开，长啸一声，气性又发作起来，翻身从觉悟头顶扑过来，觉悟又一跳，退了十步之远，左遮右闪。猛虎连连扑空，咆哮发性，竟把塔边巨石蹬出两个小窟来（今“虎蹬石”尚存）。这时，觉悟精神抖擞，愈斗愈勇。只见他乘虚而入，挥动铜钱锤，使尽平生力气，朝猛虎头部打去，顷刻间，老虎脑浆四溅，鲜血直流。

觉悟法师打虎（陈玮娜作）

品茗修好

南澳（与柘林隔海相望之海岛）镇台耳闻觉悟名声，有心与之较量，一见高低。

一日，镇台从南澳岛驾轻舟至柘林象头港登岸，威风凛凛来到白雀寺。觉悟闻讯闭门不出。镇台为逼觉悟出见，于大殿之中施展超凡功夫。但见他不慌不忙地踱着方步，悠然自得，一步踹碎一砖，不一会，厅堂地砖碎裂，一片狼藉。小沙弥惊恐万分，飞报方丈。只见觉悟神态自若，泡上香茗，稍一纵身，自方丈厅跃上佛殿，以燕子穿帘之势，一手摘住殿前幢幡垂缨之流苏，一手托茶盘，不慌不忙地说：“台尊，请用茗。”

镇台见幢幡不摇，茶水不荡，心知此乃少林轻功绝技，寻思高僧武艺精湛，绝难取胜，遂连连道歉。觉悟也说些谦逊之话，请镇台到方丈厅品茗叙情。只见他随手拿起老竹头，用手轻轻一捏，即时粉碎，再用碎竹起火。镇台见状更加佩服。两人谈论内功、外功、硬功、轻功、气功等奥秘；又切磋拳术、棍术、枪术、刀术、剑术、技击散打、器械对练等技艺；还研讨少林、武当、华山、恒山、峨眉、衡山、逍遥、唐门等各门派武功的分支走向，各抒己见。言谈之中，话甚投机，敬慕之情油然而生，相见恨晚，感慨万千。不觉日已西沉，镇台依依不舍返回南澳，临别之时，题赠纹银四百两，作为重修佛殿之资。

感化流僧

俗话说，奇事传千里。有一流僧耳闻“南澳镇台赠银”之事，意欲平分秋色。他不辞劳苦，长途跋涉，来到白雀寺。那流僧装痴诈呆，疯疯癫癫，至佛殿之中，倒地抽搐，顿时瞪眼结舌，口吐白沫，状若中风。小僧被这突如其来之事吓得惊慌失色，迟疑了一下，飞报禅师。觉悟深知此乃江湖绝技吐云针，厉害非常，料其必为诈取银项而来。遂封纹银四百两，嘱咐小僧，如此如此。小僧托银至殿，对流僧说：“吾师父料知大师今日此刻光临荒寺，临走之时，备纹银四百两，嘱咐小僧送予大师，作为茶水之资，伏望笑纳。”流僧遂问：“你师父哪里去了！”小僧答道：“云游远方，已经三天了。”流僧深思：“觉悟料事如神，且如此慷慨大方！吾岂可贪财而坏了江湖名声。”便对小僧说：“贫僧感谢大师厚爱，愿将纹银捐作香火之资。”遂收起云针，拱手作别，飘然而去。

觉悟临终前嘱咐寺僧：将其骨灰和以面粉，撒下大海喂养鱼鳖，以示返本归原之意。据传，当年觉悟所使用的铜钱锤至今仍藏于白雀寺的夹壁中。

（原文于20世纪80年代初发表于《天南》杂志，1984年10月被饶平县政协收入编入《饶平民间故事选》，2000年9月被收编入《东里大观》）

附　录

《东里志》有关东里虎患的记载——

明正德十四年秋九月虎变。时有二虎负二子，自南澳渡海来，入长美村，众逐之，至大城东门外，有李姓兄弟五人，膂力素绝。兄先至，与虎斗不胜，虎将噬之。奋而跨虎，扼其项，众莫敢撄。四弟断虎足，毙之。余虎遁入山穴，害人畜甚众。其冬至上里，人以火攻之，皆毙。（《东里志》第51页）

陆秀夫治章

柘林湾畔的旗头山麓有块奇异的岩石，背山面海而立，石壁上清晰地显现着一个硕大异常的章鱼形迹，惟妙惟肖。因此，渔民们都称它“章鱼石”。章鱼通常有八条腕足，所以又叫“八带鱼”，但这石壁上的章鱼迹的腕足只有七条半。每当人们提起这块怪异的“章鱼石”，乡中父老就会滔滔不绝地讲起“陆秀夫治章”的故事。

南宋德祐二年（1276），蒙古铁骑攻陷临安（今杭州），谢太皇太后抱着五岁的宋恭帝赵㬎出城向元军投降。益王赵昰、卫王赵昺则在江万载率领的勤王义军和殿前禁军的护卫下，仓皇潜逃出城，先逃到婺州，又辗转温州、福州。陆秀夫与将领苏刘义等由海路也赶到福州，遂派人召集大臣陈宜中和大将张世杰等前来计议，共立赵昰为皇帝（庙号端宗），改元景炎。陆秀夫任端明殿学士、签书枢密院事。景炎二年（1277），福州也沦陷，南宋流亡小朝廷直奔泉州。张世杰要求借船，却遭到泉州市舶司蒲寿庚拒绝。张世杰抢夺了船只出海，流亡小朝廷只好南逃广东。陆秀夫听说粤东边陲有“大门、小门、三百门，汫洲、汛洲、一百洲，地域广袤；马头、虎嘴、猴趴岭，炉山、燕洞、尖峰顶，地势险要”，想必是战守要冲之地，可作为兴复宋室的基地。于是，端宗皇帝和卫王赵昺、垂帘听政的杨太后淑妃，在左丞相陈宜中（后赴安南求援而无返）、签书枢密院事陆秀夫（后为丞相）、枢密院副使张世杰、主管殿前司苏刘义等文武大臣护送下，率宋军和义师十余万众，从泉州乘船南下，在海阳县龙湾（今所城镇龙湾村）东南面海滨的红螺山驻跸。舟师在龙湾虎屿至柘林旗头山一带海湾下锚停泊。水师大营设于旗头山下海域。

刚住几天，便有人禀报陆丞相：“每晚都有二三军士失踪。”陆秀夫左思右想，不得其解。只好召见柘林父老探询。耆老禀告说：“这里常有妖怪出没吞食人畜，遇难者甚众，因此渔民不敢在这里捕鱼，商船也不敢在此停泊。”陆秀夫下令增设岗哨，加强巡逻，严加防卫。

是夜，风平浪静，月挂海空。三更时分，陆秀夫还在船舱内灯下筹划军国大计，突然战船摇晃不定。他急往窗外一望，不觉大吃一惊，舱外昏荡荡，暗沉沉，冷飕飕，大雾弥漫，寒气逼人。骤见一条硕大异常的章鱼舞动着长长的腕足，伸上船头，向一哨兵扫去，八条充满吸盘的腕足紧紧地卷住那个军士，正欲拖入大海。陆秀夫见状，怒发冲冠，立即拔出尚方宝剑，一个箭步冲出船舱，大吒一声，把剑一挥，一道寒光划破夜空，巨章被砍断半条腕足，喷出黑雾，仓皇逃窜。霎时间，海上乌烟滚滚，天昏地暗，伸手不见五指。章鱼精张口猛喷水柱后退到岸边一块巨岩前。陆秀夫知利剑难置章鱼精于死地，便迅速跑回舱内，提起皇帝的御朱笔，再跨出船舱，朝那逃遁的章鱼精猛力投去，一道红光穿破迷雾，朱笔正中章鱼要害，巨章被钉在石壁上，一命呜呼了。顿时，风定天晴，烟消雾散，灯火复明，照得如同白昼。陆秀夫站立船头，望着浩瀚无边的大海，深深地倒吸了一口气，仰望星空，长汉一声："苍天啊，宋室复兴，路在何方?!"

陆秀夫治章（沈振龙作）

翌日清晨，文官武将护少帝登上旗头山巅视察地形，看能否在这里建立抗元兴宋基地。举目眺望，烟波浩渺，一片汪洋。少帝感叹地说："这旗头山，有旗无带；那马头山，有马无鞍；这大小门，有门无闩；那七夕井，有井无栏。非战守之地也!"于是，宋帝驻跸十多天后，便决定撤离旗头山和红螺山，转移到对岸天险之地南澳岛去了。而旗头山麓临海石壁上的章鱼迹从此永留下来了。

景炎三年（1278）三月，端宗皇帝为躲避元将刘深的追逐，上船避入广州湾，“龙舟”倾覆，端宗皇帝遇溺于水中，虽然被左右随从救起，但已经喝了一肚子水。端宗皇帝吓得好几天都讲不出话来，生了一场大病。因元军追兵逼近，他们又不得不浮海逃往硇洲（今雷州湾）。可怜一个不到10岁的小皇帝宋端宗经此颠簸，又惊恐与疾病交加，不久便死去了。四月，陆秀夫和张世杰等人拥立8岁的卫王赵昺为帝，改元祥兴。陆秀夫受命于危难之中，任左丞相，与张世杰同执朝政，继续坚持抗元斗争。祥兴二年（1279）二月初六，元军攻破崖山，陆秀夫知君臣难以脱险，先拔剑驱妻儿入海，后对宋帝昺说：“国事至此，陛下当为国死。德祐皇帝（赵㬎）辱已甚，陛下不可再辱。”说完藏玉玺于宋帝昺怀里，背负幼主，命人用白绢将君臣两人相缠，从容投海，时年44岁。

陆秀夫负帝投海（杨展鹏摄于盐城陆公祠）

噩耗传来，柘林黎民百姓、义军家属都悲痛欲绝。他们扶老携幼，到旗头山遥祭英灵。有一位留居在柘林养伤之南宋遗臣，更是抚膺大恸。他决心殉国，整一整衣冠玉带，便登上悬崖，纵身一跃，跳进波涛滚滚的大海中。后人感怀此事，在巨岩上题刻一联云：

丞相治章，除孽宁波，功绩历久益彰；

遗臣蹈海，精忠报国，英烈永世堪歌。

注：陆秀夫（1238—1279），字君实，楚州盐城长建里（今江苏省建湖县建阳镇）人。南宋左丞相，抗元名臣，与文天祥、张世杰并称为“宋末三杰”。19岁与文天祥同时中进士。德祐元年（1275）受两淮制置安抚使李庭芝举荐，任司农寺丞，不久升迁宗正寺少卿兼起居舍人，及至礼部侍郎。德祐二年（1276），元军陷临安，掳宋恭帝北去。陆秀夫与将领苏刘义等由海路追随两位幼主赵昰、赵昺到福州，与大臣陈宜中和大将张世杰拥立赵昰为帝，改元景炎。陆秀夫任端

明殿学士，继续组织抵抗元军。次年，福州沦陷，南宋小朝廷迁居潮州浅湾，后又移上船队，在海上坚持抗元斗争。景炎三年（1278）四月，赵昰在硇洲患惊风而死。陆秀夫又和张世杰等人拥立赵昺为帝，改元祥兴。他任左丞相，与张世杰同执朝政，在崖山继续坚持抗元斗争。祥兴二年（1279）二月初六，元军攻破崖山，陆秀夫负帝投海壮烈殉节，时年44岁。后人将其遗著汇编成《陆忠烈集》。明代，盐城曾建“陆忠烈公坊”，立有“宋丞相陆公故里碑”，上镌“海国孤忠”。明嘉靖十年（1531）建于盐城儒学街的“陆忠烈公祠”尚存。

（原文于20世纪80年代初发表于《天南》杂志，1984年10月被饶平县政协收编入《饶平民间故事选》，2000年9月被收编入《东里大观》）

陆公祠（杨展鹏摄于盐城）

章鱼趣谈

在柘林湾畔的旗头山，背山临海处，立着一块名叫“章鱼石”的巨岩。石壁上清晰地显现着一个章鱼形迹，每条腕足约三米长，白石黑迹，煞是奇观。相传，南宋末年，陆秀夫护宋帝赵昰南逃时，曾驻军于此。有一夜三更时分，陆秀夫骤见一巨章的腕足紧紧缠住一位军士，欲拖入海中。他急忙中挥剑砍断了章鱼的一条腕足，巨章仓皇欲逃，陆秀夫将剑投去，章鱼贴于石壁而毙命。

这样的传说，并非完全出于附会。据科学杂志介绍：在已知的200多种章鱼中，虽多数个体很小，但在太平洋确有巨章，腕足有5～10米，体重达45千克。据报道，西沙群岛就曾捕获一条130多斤的章鱼。科学杂志还记载：有一次，一艘货轮在大洋中航行，突然发现甲板上伸来一条“白练”，吸住一位船员。正当危急之际，一船员操斧头砍断巨章一腕足，这段腕足为全体船员提供了一顿美餐。

章鱼是深海软体动物，光滑的躯体呈蛋形，通常背部呈灰褐色，腹部呈乳白色，有八条腕足，腕足内侧布满吸盘。据测试每个吸盘的拉力约100克。有趣的是，章鱼的腕足有高度的灵敏性。当章鱼休息时，总有一两条腕足在值班，不停地向四周移动着，高度警惕着“敌情”；若有何物轻轻地触动了它的腕足，章鱼就会立刻把浓黑的墨汁喷射出来，以掩藏自己，趁此机会观察周围的动静，准备进攻或撤退。它可以连续六次往外喷射墨汁，过半小时后，又能积蓄很多墨汁。章鱼的再生能力也很强。有时当它的腕足被敌方牢牢地抓住了，它就会自动断其被抓的腕足，身体后退，以那些脱离身体的腕足的蠕动来迷惑敌人，趁机溜之夭夭。腕足断开时，伤口处的血管会极力地收缩，使伤口迅速愈合，故伤口是不会流血的，第二天就能痊愈，不久又长出新的腕足。章鱼正是靠其腕足捕食、御敌、蠕动爬行的。它有时用两条腕足来“行走”，看上去就像两足动物；有时则借腕间膜伸缩来游泳，或用头下部的漏斗喷水作快速退游，速度竟达每小时40千米。它还能改变自身的颜色，在恐慌、激动、兴奋等情绪变化时，皮肤都会改变颜色。控制章鱼体色变换的指挥系统是它的眼睛和脑髓，如果某一侧眼睛或脑髓出了毛病，这一侧就固定为一种不变的颜色，而另一侧仍可以变色。它还能改变自身的形状，有时变得如同一块覆盖着藻类的石头，或把自己伪装成一束珊瑚，有时又把自己装扮成一堆闪光的砾石。它的感觉器官中最发达的是眼，眼不但很大，而且睁得圆鼓鼓的、一动也不动，像猫头鹰似的。眼睛的构造又很复杂，前面有角膜，周围有虹膜，还有发达的晶状体。此外，在眼睛的后面皮肤里有个专管嗅觉的小窝。章鱼的中心部有口，口中有一对尖锐的角质腭及锉状的齿舌，用以钻破贝壳，刮食其肉。章鱼喜欢食牡蛎。每当它找到牡蛎后，就在旁边耐心地等候，待牡蛎开口的一刹那，它就赶快把石头扔进去，使牡蛎的两扇贝壳无法关闭，然后把牡蛎的肉吃了，并钻进贝壳里安家。一旦无处藏身时，章鱼就会自力更生地建造住宅，它会用腕足巧妙地移动石头、贝壳和蟹壳堆砌成火山喷口似的巢窝，以便隐居其中。章鱼在出击时，也常借助石头。有时它将石头作为挡箭牌，一有风吹草动，就把石头推向敌人来袭的一侧，同时向敌人喷射墨汁。当它要退却时，又会用这石盾断后。章鱼又是出色的“建筑家”。说来也怪，它每次建造房屋都是在半夜三更时分进行，午夜一过，它的八条腕足就一刻不停地搜集各种石块，它可以搬动比自己重5倍、10倍，甚至20倍的大石头。在章鱼栖息之地，常有“章鱼城”出现，这些由石头筑成的“章鱼之家”鳞次栉比，颇为壮观。

章鱼的繁殖也很奇特。雄性章鱼的八条腕足中有一条是用于交配的。这条腕的下面有一个凹槽，顶端可以抓握，叫作唇舌，有的还可以充血膨胀，与哺乳动物的阴茎相似。雄性章鱼通过这条腕足小心地把一包精子放入雌性章鱼外套膜上相对应的窄缝里，然后唇舌会将此腕足断开，留在雌章鱼的体内。这条腕会爬进雌章的裂缝里，并在那里存活约一个月，直到雌章鱼的卵细胞成熟。然后雌章鱼会取出这条腕，撕开它，把里面的精子洒在它的卵细胞上。雌章鱼也许是世上最尽心、最富有自我牺牲精神的母亲。它一生只生育一次，产下一串串晶莹饱满的犹如葡萄似的卵，藏于洞穴中，从此它就寸步不离地守护着自己心爱的宝贝，而且还常用腕足翻动抚摸它那亮晶晶的卵，并从漏斗中喷出水挨个冲洗。直等到小章鱼从卵壳里孵化出来，这位“慈母”还不放心，唯恐心爱的孩子被其他海洋动物欺侮，仍然不肯离去，以致最后变得十分憔悴，也有的因过度劳累而死去。

章鱼有高超的脱身技能。由于章鱼能将水存于套膜腔中，依靠溶解在水中的氧气生存，因此它离开了海水也能活上几天。曾有人目睹了一件趣事：一位家庭主妇将章鱼放在菜篮里，提着篮子上了公交车，过了十来分钟，突然车厢里发出了尖叫声，原来章鱼竟从半寸大小的篮孔里钻了出去，爬进一位少妇的裙子里，使她歇斯底里地叫起来，这是因为章鱼没有骨骼，能使柔软的身子从如同它的眼球一样小的篮孔中挤出篮子。

章鱼含有丰富的蛋白质、矿物质等营养元素，还富含抗疲劳、抗衰老，能延年益寿的天然牛磺酸。而且肉质细腻，嫩滑鲜美，若烹调得当，是席上佳肴。它还是民间食疗补养的佳品，是女性产后补虚、生乳、催乳的滋补佳品。

每年九月至来年正、二月，是闽南、粤东沿海盛产章鱼的季节，十一月份捕获量最多，此时章鱼也最肥美，腹内有很多蛋膏。捕捞者在尼龙索上编结草绳，再串结一对对牡蛎壳或白蚬壳，坠入海底。章鱼嗅到水草气味，便悠然自得地坐上“摇篮”（贝壳），用腕足抱住草绳。这时拉起尼龙索就能捕获。也有渔民根据章鱼喜欢钻器皿的嗜好，将各种形状的陶罐、海螺壳拴在长绳上沉入海底。过一段时间，将陶罐或海螺壳提上来，这时，只要往陶罐或海螺壳里撒点盐，顽固不肯出来的章鱼就会乖乖地钻出来。浅海拖网作业在此季节也常获得丰捕。

（本文与陈秉汉老师合写，20 世纪 80 年代初发表于《羊城晚报》，2000 年 9 月被收编入《东里大观》，本次编辑时有修改）

章鱼（杨展鹏摄）

附录

柘林港大事记

○汉初，南越国第五代王赵建德和丞相吕嘉起兵反汉时，在潮州造“千石之船”，大型海船航行柘林海面，停泊柘林港。(《东里大观》)

○隋大业六年（610）二月，隋炀帝命武贲郎将陈棱、朝请大夫张镇州率万余人，从义安郡（今潮州）的海港（今饶平柘林港），跨海抵达流求（今台湾）进行贸易。随军的有南方诸国人和解流求语的昆仑人。(《饶平县志》1994 年版)

○宋代，番舶商人在柘林风山之麓建天妃宫。(《东里志》)

○元大德八年（1304），柘林下岱人钟元则登甲辰科进士。(《饶平县志·人物志》1989 年版)

○至正十三年（1353）二月，建镇风塔。(《饶平县志》1994 年版)

○明洪武二十六年（1393），置水寨，兼哨柘林。(《东里志》)

○嘉靖初，镇守东路官即庙（天妃宫）树栅为营，十七年（1538）潮州同知刘晴川（刘魁）与饶平知县翁湘湖（五伦）巡视柘林守备营，赋《登象头山》诗一首。(《东里志》)

○嘉靖四十三年（1564），驻柘林海兵谭允传等以缺额（薪粮被克扣）称乱（哗变），进犯省城，广东提督吴桂芳平之。(《明世宗实录》卷 532)

○嘉靖四十五年（1566），改东路为柘林寨。募民兵 1 716 人，战船 45 艘，设指挥 1 名。建衙于天妃宫之东南。(清·刘抃的《饶平县志》)

○隆庆元年（1567），李锡为福建总兵官，海寇曾一本至闽，锡出海御之，与大猷遇贼柘林澳，三战皆捷。(《明史·李锡传》)

○万历元年（1573）林凤初遁钱澳求抚，自澎湖九奔东番（台湾）魍港，为胡守仁所败。是年冬凤犯柘林、靖海、碣石。(《明史·凌云翼传》)

○万历二十六年（1598）四月，倭寇大舰 10 余艘进攻柘林、碣石等地。五月十八日，惠潮兵备道副使任可容与勇士陈聪设奇兵伏击，生擒真倭 4 名，贼首 3 名，通事 1 名，斩贼 15 名。(《饶平县志》1994 年版)

○万历三十一年（1603），柘林寨守备岳同、关主僧如连募资重修白雀寺佛殿。(寺后摩崖石刻)

○清康熙十九年（1680），协镇广东黄冈副总兵官吴启镇招抚各岛伪镇官兵人民数万在风吹岭渡口登岸。(古渡口石刻)

○康熙五十六年（1717），兵部准广东沿海设炮台，每年正月初九委就近文职会同该营官弁每炮演放十余次。饶平设立的炮台有旗头山、虎屿等处。(《饶

平县志》1994 年版）

○康熙年间（1662—1722），在栢林新街社建汉忠义庙。2002 年 7 月被公布为县级文物保护单位。

○雍正年间（1722—1735），在栢林港龟屿、蛇屿各建导航石塔 1 座。

○道光十八年（1838），英国鸦片船向栢林港输入鸦片，东界受影响。次年，林则徐、邓廷桢责成英领事义律召回泊南澳鸦片船，并收缴船上鸦片。（《东里大观·大事纪要》）

○道光二十三年（1843），栢林李武豪等 10 多人结伙从栢林港乘船往暹罗谋生。（《东里大观》）

○咸丰二年（1852），英国炮艇窜入栢林旗头港，掠夺正在海边耕种的农民。（《东里大观》）

○同治三年（1864），钱东紫云村黄天年等一行 30 人从栢林港乘船往暹罗谋生。（《东里大观》）

○清代后期，在栢林南北街与象头溪交叉处石板桥西侧建造锁水塔（俗称“红塔”），因该塔处于镇风塔和蛇塔的中点，且三塔成一直线，故具有导航的功能。（锁水塔重修碑记）

○民国十七年（1928）五月二十六日，国民党政府军第五军军长徐景唐派史可思营围剿在栢林避难的惠来县澳角乡农会会长黄协和等，杀害群众 108 人，伤 280 多人。率众反抗的民团团长徐友培、李良吟被捕，于 8 月 2 日在汕头市中山公园被杀害，史称“四·八”惨案。（《饶平县志》1994 年版）

○民国二十二年（1933），汕头市广平、仁安、徐州、大益等 4 艘电船首次航行栢林港，客货兼载。（《东里大观》）

○民国三十年（1941）七月四日至十二日，日军厚地部千余人，大肆洗劫沿海东界、汫洲、联饶、黄冈、钱东等地。所到之地，奸淫掳掠，杀人放火，无恶不作。十二日经栢林下海退去。（《饶平县志》1994 年版）

○民国三十二年（1943）三月二日，国民党政府军击溃西澳岛日伪军，毙敌 100 余名，俘日军指挥官井雨封二及伪军委员会委员、新亚绥靖军上将沈荣光，并缴获大批武器。（《饶平县志》1994 年版）

○民国三十二年（1943）三月，吴乌森旧部于西澳岛歼日伪军 300 余人。（《饶平县志》1994 年版）

○1952 年 2 月，饶平县鱼露厂落户栢林。1953 年 7 月，该厂建造一艘内河客货轮“潮林”号及木驳船 2 艘，航行于潮州、汕头等地。20 世纪 70 年代又造了“饶红”拖轮一艘。栢林港货运吞吐量年达 2.5 万吨。

○1952 年 7 月至 10 月，根据省政府《关于小盐区废场转业的决定》，全县先后废东界的仙春、大港、龙湾、栢林及海山的坂上等盐田，共计 2.99 万公亩（折 4 484 市亩）。翌年 6 月，省委批准全部恢复生产。（《饶平县志》1994 年版）

○1954 年 7 月 9 日，县第一个渔业生产合作社——栢林第一渔业生产合作社成立。（《饶平县志》1994 年版）

○1956 年春，国防部长彭德怀视察栢林湾。（《饶平县志》1994 年版）

〇1956 年 11 月，柘林、大埕二个渔业社罛船 136 艘，首次远航至雷东县硇洲岛捕鱼。(《东里大观》)

〇1965 年 9 月 5 日，柘林人民公社成立。(《饶平县志》1994 年版)

〇1977 年 1 月 1 日，三百门港千吨级码头第一期工程竣工。是日，满载货物的“粤海 123 号”货轮驶进码头卸货。(《饶平县志》1994 年版)

〇1979 年 12 月，在柘林“东小门”建设新港区，1980 年底竣工，总投资 124 万元。可停泊 50～100 吨位渔船三四百艘，避风安全。(《饶平县志》1994 年版)

〇1981 年 4 月 3 日，省政府口岸办公室批准柘林港为海产品出口起运点；三百门港为进出口货物装卸点。(《饶平县志》1994 年版)

〇1981 年 7 月，县政府公布柘林镇风塔、风吹岭摩崖石刻群为县第一批重点文物保护单位。(《饶平县志》1994 年版)

〇1983 年春，柘林对虾育苗场人工孵育对虾苗 1 043 万尾，供县内放养。(《饶平县志》1994 年版)

〇1983 年 11 月 5 日，柘林人民公社改为柘林镇。(《饶平县志》1994 年版)

〇1984 年 12 月 13 日，中共广东省委第一书记任仲夷视察三百门港。(《饶平县志》1994 年版)

〇1985 年 4 月 12 日，县政府决定在柘林港建立台湾渔民接待站。(《饶平县志》1994 年版)

〇1986 年 8 月，柘林渔港被批准为国家公共渔港。

〇1987 年 6 月 17 日，柘林港万吨减载锚地试航成功。是日，1.4 万吨级的“庆丰 3 号”轮运载化肥 7 000 吨，在该锚地卸货 2 825 吨，于 19 日顺利离开。(《饶平县志》1994 年版)

〇1988 年 8 月，建设柘林港拦沙堤，投资 232.6 万元，建设防沙堤 723 米，造地 1 万平方米。

〇1989 年 6 月 29 日，省政府公布柘林镇风塔为省级重点文物保护单位。(《饶平县志》1994 年版)

〇1989 年 10 月 21 日，县政府公布柘林的天后宫、旗头山炮台、白雀寺为县第二批重点文物保护单位。(《饶平县志》1994 年版)

〇1990 年 2 月 11 日，中共中央委员、中共中央统战部副部长万绍芬等领导同志视察柘林港。(《饶平县志》1994 年版)

〇1990 年 5 月 23 日，三百门港三千吨级粮食码头建成竣工。(《饶平县志》1994 年版)

〇1990 年 6 月，国家农业部批准柘林渔港名称，并定为二级群众渔港。

〇1990 年 10 月 16—17 日，经外交部批准，日本“朝日”电视台到柘林、汫洲等地拍摄《从帆船来看东西方贸易交流史》电视专题片。(《饶平县志》1994 年版)

〇1992 年 8 月 15 日，中国国际广播电台摄制组到饶平县拍摄柘林湾、三百门港等，制作《外国人看中国》录像片。(《饶平县志》1994 年版)

〇1992 年 11 月 10 日，中共中央政治局委员、广东省委书记谢非视察柘林湾

三百门港等地。(《饶平县志》1994年版)

○1993年2月3日，国学大师饶宗颐莅临柘林港实地考察后，发表了《柘林在海外交通史上的地位》。

○1994年11月8日，经国务院批准，原三百门港区更名为潮州港，列为独立对外开放口岸。(《饶平县志（1979—2005)》2011年版)

○1995年，柘林港进行改建扩建，配套供电、供水、通讯、交通、冷冻、仓储、维修等设施，港口设施日益完善。

○1997年1月24日，广东金曼集团金江水产有限公司柘林鲍鱼场养殖鲍鱼成功，售出鲍鱼一千多公斤，创值24万元。(《饶平县志（1979—2005)》)

○1997年，柘林镇获渔业万吨镇称号。(《东里大观》)

○2000年1月30日，挪威籍欧堪号液化汽轮，安全引靠于华丰石油气专用码头进行装卸作业。该船长154.92米，宽24.62米，载重量1.87万吨，吃水深度5.6米。(《饶平县志（1979—2005)》2011年版)

○2000年5月20日，国家交通部部长黄镇东等领导同志考察潮州港。(《饶平县志（1979—2005)》2011年版)

○2002年7月，广东省人民政府参事、中山大学教授黄伟宗率领由著名的文史学家、地理学家、海洋学家等组成的广东省海上丝绸之路研究开发项目组到柘林调研。专家团经过考古、考察遗址和文物及多学科论证，确认柘林港是“海上丝绸之路”粤东第一港。

○2003年11月26日，大唐电厂举行奠基仪式。

○2004年1月20日大唐电厂正式开工建设。该厂占地面积54公顷，规划装机容量2×60万千瓦+2×100万千瓦+4×100万千瓦，超临界燃煤发电机组，计划投资230亿元。(《饶平县志（1979—2005)》2011年版)

○2005年9月23日，县沿海六镇供水工程东线所城泵站试运行送水成功。至此，沿海供水主体工程全面完工。该工程于2003年12月25日动工兴建。(《饶平县志（1979—2005)》2011年版)

○2009年5月8日，亚太通用码头项目在柘林举行奠基仪式。该项目计划建设1个3万吨级和1个5万吨级的通用码头，年设计吞吐能力440万吨，预计总投资为8.7248亿元，分两期建设，首期工程已于2010年7月开工建设。(中国港口网2015-11-26)

○2010年6月18日，县金航深海网箱养殖基地养殖的活甘鱼65吨首次销往日本。(《饶平年鉴2011》)

○2010年9月底，“柘林渔火”被潮州市委、市政府评为“潮州新八景”之一。(《饶平年鉴2011》)

○2010年12月7日，中共中央政治局委员、广东省委书记汪洋到大唐电厂、亚太通用码头视察调研。(《饶平年鉴2011》)

○2012年11月23日，潮州港进港公路通车。起点于国道324线碧岗路段，终点至大唐电厂，总长13.632公里。工程按一级公路双向六车道设计，路基宽40米。(饶平网)

宗祠楹联浅释

栢林是个移民古镇，居民多数从中原徙居闽地，再由闽入粤。因这里拥有天然良港，而吸引众多人口集聚。各姓氏家族之血脉源流、迁徙过程，及先祖的光辉业绩等信息，从各宗祠的楹联可见一斑。今择部分楹联浅释含义于下：

“世泽”指祖先遗传的恩泽。主要指地位、权势、财产等。典出《孟子·离娄下》：“君子之泽，五世而斩。”明·吴承恩《挽陈拙翁》诗：“龙楼动褒表，世泽正丕丕。”

“家风”又称门风，是指一个家庭或家族世代为之恪守的家训、风范与行为准则。它是民风世风的根基和社会和谐的基础。

“家声”指家族世传的声名美誉。典出《史记·李将军列传》：“单于既得陵，素闻其家声，及战又壮，乃以其女妻陵而贵之。”

“郡望”是指魏晋南北朝至隋唐时每郡显贵的家族，世居某郡为当地所仰望，并以此而别于其他的同姓族人。例如张姓有 43 望。如今张姓族人则习惯称 14 望，即清河、南阳、吴郡、安定、敦煌、武威、范阳、犍为、沛国、梁国、中山、汲郡、河内、高平。

将军世泽　学士家风

此联为霞塘汤氏家庙（绥成堂）门联，源自云霄莆屿汤氏家庙之门联“学士家风千古在，将军世泽万年长”。上联昭示继承汤智将军的恩泽。《漳州莆屿中山汤氏族谱》载：智公，河南固始县人，唐总章二年（669）跟随陈政、陈元光父子入闽，时任府兵校尉，宋绍兴二十年（1150）晋封竭忠辅国将军。其弟简授府兵仪尉，宋晋封昭德将军。漳州平定后，智公择居漳州柳营江乌浔坑（今龙海角美镇乌浔村），为开漳汤氏始祖。至七世昭兹公，生二子：长崇山，次崇海。崇山公于宋英宗治平丙午年（1066）迁往王山。崇海公同子祖丙也于同年迁往漳浦六都云霄海滨莆屿。

下联明示传承崇文重教之家风。联中“学士”典指宋徽宗宣和年间（1119—1125），云霄汤氏三世汤景琛（汤祖丙之长子）官拜翰林学士。亦指《东里志》载：“大学士汤，忘其名，乃自漳州来寓大埕（一作东里栢林）。少松祖吴寅，洪武二十四年有祭外考学士汤公文。”此则记载所指之“大学士汤”，地方史籍、族谱未见相关记载。但霞塘汤氏确亦人才辈出，清代汤锡琦获乡试亚元，现代有香港中华总商会永远名誉会长汤秉达，知名教授汤擎民、汤琼城、汤慕忠、汤依群等，各界成功人士层出不穷。

犹龙世泽　射虎家风

此联为李氏大宗祠（序伦堂）门联。上联之“犹龙”典出自《史记·老子韩非列传》载：“孔子去，谓弟子曰：‘……至于龙吾不能知，其乘风云而上天。吾今日见老子，其犹龙耶！’”老子是李氏十七世裔孙，字伯阳，谥号聃，又称李耳，是我国古代伟大的哲学家、思想家、道家学派创始人，且被道教尊为始祖。李氏族人为有这位伟人而倍感门庭增辉。

下联之“射虎”典指《史记》记载的汉朝名将李广射虎故事：“李广出猎，见草中石，以为虎而射之，中石没镞，视之石也。因复更射之，终不能复入石矣。广所居郡闻有虎，尝自射之。及居右北平射虎，虎腾伤广，广亦竟射杀之。”唐·王昌龄有诗云：“但使龙城（射虎之地）飞将（指“飞将军”李广）在，不教胡马度阴山。”该联明示要传承李广射虎之精神。

东汉家声　南湖世泽

此联为郑氏宗祠（敦本堂）门联。上联明示传承东汉经学家郑玄之声名美誉。“东汉”典指东汉儒家学者、经学大师郑玄。史籍载：郑玄（127—200），字康成，北海高密（今山东省潍坊市）人，曾入太学攻《京氏易》《公羊春秋》及《三统历》《九章算术》，又从张恭祖学《古文尚书》《周礼》和《左传》等，后从马融学古文经。游学归里之后，复客耕东莱，聚徒授课，弟子达数千人，终为大儒。党锢之祸起，遭禁锢，杜门注疏，潜心著述。晚年守节不仕，却遭逼从军，终病逝于元城，年七十四。郑玄治学以古文经学为主，兼采今文经说。他遍注儒家经典，以毕生精力整理古代文化遗产，使经学进入了一个“小统一时代”。著有《天文七政论》《中侯》等书，共百万余言，世称“郑学”，为汉代经学的集大成者。唐贞观年间，郑玄被列于二十二“先师”之列，配享孔庙。宋时被追封为高密伯。与晏婴、刘墉并称“高密三贤”。

下联昭示继承莆田南湖郑的遗泽。据《南湖郑氏文化源流史略》记载：西晋永嘉年间，荥阳郑桓公第三十九世孙郑庠次子郑昭，龙骧将军，随父入闽，任泉州刺史，继建安刺史，调晋安（福州）太守，后世尊他为入闽始祖。郑昭初居侯官，转居永福，路经莆田南湖山，尝喜湖山之秀，遂将祖先骨骸迁葬于南湖山，史称“郑十二丘”。郑昭的第17世孙郑露、郑庄、郑淑三兄弟在南湖山创建“湖山书院”，开莆田文献名邦、海滨邹鲁先河。唐贞元三年（787），唐皇帝赐金敕建“开莆来学”木坊。隋唐时期，形成了莆田著名大姓南湖郑，其后瓜瓞绵绵，迁衍广泛，名人辈出，很多莆田郑姓后人迁徙到泉州、漳州、潮州、汕头、揭阳、台湾等地。

金鉴家声远　清河世泽长

此联为张氏宗祠（光裕堂）门联。上联明示传承唐朝名相张九龄之声名美誉。典指张九龄呈唐玄宗的《千秋金鉴录》（该书综述列朝兴衰存亡之理）。史载：张九龄（678—740），字子寿，一名博物，谥文献。唐朝韶州曲江（今韶关市）人，世称“张曲江”或“文献公”。西汉留侯张良之后，西晋壮武郡公张华十四世孙。唐中宗景龙初年进士，始调校书郎。玄宗即位，迁右补阙。开元年间历官中书侍郎、同中书门下平章事、中书令。他是一位有胆识、有远见的著名政治家、文学家、诗人、名相。忠耿尽职，秉公守则，直言敢谏，选贤任能，不徇私枉法，不趋炎附势，敢与恶势力做斗争，为“开元之治”做出了积极贡献。他的五言古诗，诗风清淡，以素练质朴的语言，寄托深远的人生慨望，对扫除唐初所沿袭的六朝绮靡诗风，贡献尤大。有《曲江集》。

下联典指张姓的郡望。清河，古郡名，汉高帝四年（公元前203）置，因境内有清河流经而得名。治所在清阳（今河北清河东南）。明朝永乐癸未年《清河家乘》记载：战国时期纵横家张仪（名策鲂），仕秦为相，“策鲂公当时，坟茔诸处，立庙清河，遂以清河公为郡”。清河郡是张氏祖居之地，历来人多势众。从十六国北朝直至隋唐，以东武城（今河北故城县南部）张氏最为显赫。唐代清河张氏，一门出了张文瓘等三位宰相，被列为十“国柱”之首。是当时全国最显赫的姓族之一。后张齐贤向宋太祖献“十策”，官至司空，被尊为郡望人物之一。

原本自霞漳独树根蕃三叶茂
分支由上里柘林花发万年香

此联为张氏宗祠（光裕堂）堂联。联语陈述其家族血脉源流及迁徙过程。据《张氏源流纪略》《云霄县志》《西林张氏世系考》《漳浦藏书》《张纲藏书》《霞绕张氏月林家谱》《霞绕张氏族谱乡志》《霞绕张氏远祖渊源考》《南平县志》等史籍及族谱记载：柘林“光裕堂”张氏与霞绕张氏、上东张氏是同祖共宗之派衍分支，即始祖挥公→104世祖陵公→105世祖伯纪公（随归德将军陈政入闽，官漳浦县令兼主州邑事，宋绍兴二十五年被追赠为唐开漳太尉、威武协应辅国上将军）→伯纪7世孙由漳浦往河南省亲，留居祖地→伯纪10世孙华公（随王审知入闽）→华公裔孙辟远公（妣慈绵钟氏）。辟远公有三子：长子文贵居汀州，次子文通居漳州，季子文新与母慈绵钟氏于南宋祥兴二年（1279）由闽入粤居东洋屯，文新公娶杨氏，生松冈公。后文新公夫妇殁于疫疠。祖妈恶地俗不美，携孙暂居步上后（今上林）。元泰定元年始祖妈卒。松冈公开创霞绕乡。

上联言家族血脉源流。源自唐开漳太尉张伯纪裔孙辟远之次子文通，原居霞漳（漳州之别称）东路墘独树，有三子（即“根蕃三叶”）。下联言迁徙过程。文通三子于宋末由闽入粤移居海阳（其时未置饶平县），文通之长次子定居上里（今上东村），季子定居柘林（即“分支”）。

州尉家声远　颍川世泽长

此联为霞岱陈氏宗祠（永思堂）门联。上联明示传承梅州尉陈亚先之声名美誉。典出自《东里志》记载宋景炎年间（1276—1278）："梅州尉陈亚先（一说陈亚光），赐进士出身，亚先徽州婺源（昔属安徽省，今属江西省）人。宋端宗时任梅州尉。后护跸海上，因寓下岱居焉，为该乡始祖。"

下联典指陈姓之郡望。颍川（今河南省禹州市），是中华民族的发祥地。黄帝生于此，夏禹建都于此，因此成为我国众多姓氏的发祥地。春秋时，陈厉公之子陈完为避难出奔齐国，改称田氏，其后裔在战国时取代姜氏成为齐国国君，史称"田氏代齐"。公元前221年，齐国被秦国所灭。齐王建之第三子田轸，在齐国尚未灭亡时便投奔楚国，后当上宰相，被封在颍川，并改回陈姓，成为颍川陈氏始祖。此后，颍川陈氏瓜瓞连绵，生齿甚众，成为颍川名门大族，"颍川"也因此成为陈氏重要郡望。东汉时期颍川郡属于豫州刺史部（治所在今安徽亳州）。唐朝改颍川郡为许州，从此颍川不再作为地名存在。北宋时，在此建颍昌府，之后基本称许州。

延陵世泽　郡马家风

此联为吴氏宗祠（永思堂）门联。上联典指吴姓之郡望——延陵，大约在今常州、江阴、丹阳等吴地沿江一带地区。为春秋吴邑，季札（季子）所居之封邑。春秋时，吴王寿梦之子季札为避让王位躬耕于舜过山（今常州市焦溪镇与江阴市申港镇交界处）；周灵王二十五年（公元前547）吴王徐祭遂封季札于延陵。延陵先邑后县，其名相继沿用345年。

下联言衍派之渊源，明示传承郡马吴翁保爱国传统。"郡马"指郡主的丈夫。宋·欧阳修《归田录》："宗室女封郡主者，谓其夫为郡马。"典出自《东里志》：景炎元年十一月，宋端宗避元兵，御舟泊红螺山（龙湾乡港口），澌山（今诏安）郡马陈植与下湾郡马吴翁保上供三日。又据《柘林吴氏宗祠重修记》载：柘林吴氏，祖衍福建梅岭吴尚赞（太始祖泰伯78世裔孙）之第四子吴龙江（南宋中叶移居东里龙湾乡）之14世裔孙吴焕章，为龙湾乡郡马派衍。清乾隆年间，吴焕章常来柘林经商，甚觉商埠之地，利于子孙发展，遂移居柘林石角头社，业海经商，家业日臻富裕。

锦绣家声远　文武世泽长

此联为庄氏祖祠（衍庆堂）门联。上联明示传承"御墨锦绣"之声名美誉。柘林庄氏源自随舅父入闽、累官广州刺史、解甲归田后择居永春桃源里的始祖庄森，故称"桃源衍派"。衍自宋孝宗、光宗、宁宗三朝元老、赠爵少师之九世祖庄厦（泉郡庄氏始祖），受钦赐“御墨锦绣”，故又称“锦绣传芳”。

下联典指泉郡“文武状元”佳话。明万历年间泉郡青阳先后出了武状元庄安世和文状元庄际昌。清乾隆年间又有庄有恭中文状元，后因护驾有功，受乾隆帝赠封武状元。于是泉郡庄氏家庙获御赐“金马玉堂”，炳耀梓里，威望显殊，令神鬼敬惧，故泉郡青阳之庄氏祠堂不必画门神护卫。清康熙年间庄诚正从泉州府庄府巷徙居柘林。

定风波——红头船

灯光

昔日谋生胆似钢，
经由韩水向南航。

红漆点妆船首意，
原旨，
劈波斩浪渡苍茫。

旅外拓荒哀不止，
犹是，
来书勤问向家望。

番畔钱银唐山喜，
归视，
依稀谁记旧时光。

红头船模型（张岚摄）

读《海丝古港柘林》有感

东鸿

隋唐海港过夷洲，古塔标航志远悠。
海上丝途千艇过，张君妙笔写春秋。

红头船赞

蔡钦洪

海丝古港柘林湾，漂出红船千万班。
盛世中华新战略，满怀壮志力争攀。

柘林风光

陈新政

南天一角别风情，览胜柘林游兴生。
白雀倚山闻鼓磬，龟蛇卧海听鸥鸣。
镇风宝塔千秋秀，临水楼台一色新。
御敌旗头留史迹，犹存石刻纪忠贞。

柘林湾海上牧场

陈卫民

烟波万顷碧悠悠，千里潮头谁放舟？
海上牧场欢跃处，渔人霜鹭共风流。

古渡口

佘构养

沧海桑田古渡头，摩崖石刻变高丘。
鲸波弭息狂潮落，绿浪滚翻沙碛幽。
雷震抗倭夸壮烈，红螺驻跸叹沉浮。
港湾勃发今朝好，如画风光一览收。
（录自《饶风诗词》第 9 页，2010 年版）

柘林港咏

陈科庭

瀛洲独立傲沧溟，帝影楼船历远征。
蔼气千回惊大泽，烟波万顷疑洞庭。
名宦遗墨昭风景，宿将军声壮地情。
为有明时颁凤策，江轮曙色耀旗旌。
（录自《东里大观》第 335 页）

咏金狮湾泳场

汤舜池

霞岱崔嵬藏金狮，海边戏水瞒人知。
水清清澈明如镜，沙白白茫似洁瓷。
潮涨鳞光伴月影，风高云锦幻娥姿。
留连忘返皆游客，惜别依依举步迟。

海滩夕照（肖建生摄）

渔港月色（邓建忠摄）

参考文献

一、著作

[1]（唐）魏征、令狐德棻：《隋书》，点校本，北京：中华书局 1973 年版。

[2]（宋）李心传撰，胡坤点校：《建炎以来系年要录》，北京：中华书局 2013 年版。

[3]（宋）吴自牧：《梦粱录》，杭州：浙江人民出版社 1980 年版。

[4]（宋）真德秀：《西山先生真文忠公文集》，排印本，上海：商务印书馆 1937 年版。

[5]（元）脱脱等：《宋史》，点校本，北京：中华书局 1977 年版。

[6]（明）陈天资：《东里志》，校订注释本，潮州：饶平县地方志编纂委员会 2001 年版。

[7]（明）戴璟：《广东通志初稿》，影印本，广州：广东省地方史志办公室 2003 年版。

[8]（明）李东阳等：《大明会典》，影印本，扬州：广陵书社 2007 年版。

[9]（明）郭春震：嘉靖《潮州府志》，影印本，潮州：潮州市地方志办公室 2003 年版。

[10]（明）郭子章：《潮中杂纪》，影印本，潮州：潮州市地方志办公室 2003 年版。

[11]（明）胡广等：《明世宗实录》，影印本，台北：史语所 1962 年版。

[12]（明）张燮撰，谢方点校：《东西洋考》，北京：中华书局 2000 年版。

[13]（明）郑若曾撰，李致忠点校：《筹海图编》，北京：中华书局 2007 年版。

[14]（明）朱彤：《崇武所城志》，点校本，泉州：崇武文库编纂委员会 2013 年版。

[15]（清）杜臻：《海防述略》，丛书集成初编本，北京：中华书局 1991 年版。

[16]（清）顾祖禹撰，贺次君、施和金点校：《读史方舆纪要》，北京：中华书局 2005 年版。

[17]（清）李调元：《粤东笔记》，影印本，台北：新文丰出版公司 1979 年版。

[18]（清）刘抃：康熙《饶平县志》，影印本，潮州：潮州市地方志办公室2001年版。
[19]（清）卢蔚猷：光绪《海阳县志》，影印本，潮州：潮州市地方志办公室2001年版。
[20]（清）齐翀：乾隆《南澳志》，影印本，上海：上海书店出版社2003年版。
[21]（清）阮元：《两广盐法志》，桂林：广西师范大学出版社2015年版。
[22]（清）王之春：《国朝柔远记》，影印本，台北：台湾华文书局1968年版。
[23]（清）张廷玉等：《明史》，点校本，北京：中华书局1974年版。
[24]（清）郑昌时撰，吴二持校注：《韩江闻见录》，上海：上海古籍出版社1995年版。
[25]（琉球）蔡铎等：《历代宝案》，影印本，台北：台湾大学1972年版。
[26] 陈光烈：民国《饶平县志补订》，影印本，潮州：印行《饶平县志补订》编纂委员会、饶平县地方志编纂委员会2009年版。
[27] 陈和韬：《饶平县志・工业志》，潮州：广东省饶平县县志编纂委员会办公室1990年版。
[28] 陈和韬：《饶平县志・文化志》，潮州：广东省饶平县县志编纂委员会办公室1990年版。
[29] 方志钦、蒋祖缘：《广东通史》（古代下册），广州：广东高等教育出版社2007年版。
[30] 林济：《潮商史略》，北京：华文出版社2008年版。
[31] 饶平县地方志编纂委员会：《饶平县志》，广州：广东人民出版社1994年版。
[32] 饶平县地方志编纂委员会：《饶平县志（1979—2005）》，广州：广东人民出版社2011年版。
[33] 饶宗颐：《潮州志汇编》，影印本，香港：龙门书店1965年版。
[34] 泰国潮州会馆：《泰国潮州会馆成立四十五周年特刊》1983年版。
[35] 谢重光：《陈元光与漳州早期开发史研究》，台北：文史哲出版社1994年版。
[36] 杨国鑫：《台湾客家》，台北：唐山出版社1993年版。
[37] 余惠安：《饶平财政志》，潮州：饶平财政局1997年版。
[38] 原平县志编纂委员会：《原平县志》，北京：中国科学技术出版社1991年版。
[39]《东里大观》，潮州：饶平县《东里大观》编纂委员会2000年版。
[40]《饶平年鉴2011》，潮州：饶平年鉴编纂委员会2012年版。
[41]《饶平年鉴2014》，潮州：饶平年鉴编纂委员会2015年版。
[42]《饶平年鉴2015》，潮州：饶平年鉴编纂委员会2016年版。
[43]《中国・潮州港经济开发区》，潮州：潮州港经济开发区管理委员会

2014 年版。

[44] 詹树荣：《海丝之路与古代潮州航运》，深圳：深圳报业集团出版社 2015 年版。

二、篇章

[1]（清）周硕勋：乾隆《潮州府志》卷二十三《盐法》，影印本，潮州：潮州市地方志办公室 2001 年版。

[2]（清）蓝鼎元：《潮州海防图说》，郑焕隆选注：《蓝鼎元论潮文集》，深圳：海天出版社 1993 年版。

[3]（清）杨文乾：《广东巡抚杨文乾奏折》，载《宫中档·雍正朝奏折》第六辑，台北：台北故宫博物院 1977 年版，第 759 页。

[4] 陈汉元：《饶平县柘林港：清代迁台的重要一站》，《广东史志》2012 年第 1 期。

[5] 陈科庭：《粤东著名古港——柘林港》，载《东里大观》，潮州：饶平县《东里大观》编纂委员会 2000 年版。

[6] 陈以忠、唐瑞烽、李任直：《海洋捕捞》，载《东里大观》，潮州：饶平县《东里大观》编纂委员会 2000 年版。

[7] 红饶：《踏平南海万顷浪，一心革命多捕鱼》，《中国新闻》，1971 年 4 月 21 日。

[8] 黄挺、杜经国：《潮汕古代商贸港口研究》，饶宗颐主编：《潮学研究》创刊号，汕头：汕头大学出版社 1993 年版。

[9] 饶宗颐：《柘林在海外交通史上的地位》，载《东里大观》，潮州：饶平县《东里大观》编纂委员会 2000 年版。

[10] 饶宗颐总纂，黄仲则分纂：《潮州志·实业志六·商业》，影印本，潮州：潮州市地方志办公室 2004 年版。

[11] 吴二持：《清代潮汕手工业发展概述》，《潮学通讯》2013 年第 1 期。

[12] 詹坚固：《岭南疍民概说》，《人文岭南》2013 年第 31 期。

[13]《工业》，载饶平县地方志编纂委员会编：《饶平县志》第十篇，广州：广东人民出版社 1994 年版。

[14]《海洋与渔业》，饶平县地方志编纂委员会编：《饶平县志（1979—2005)》第七篇，广州：广东人民出版社 2011 年版。

[15]《能源》，载饶平县地方志编纂委员会编：《饶平县志》第十二篇，广州：广东人民出版社 1994 年版。

[16]《清高宗实录》卷七，台北：华文书局 1969 年版。

[17]《渔业》，载饶平县地方志编纂委员会编：《饶平县志》第七篇，广州：广东人民出版社 1994 年版。

三、口述资料、实地考察

[1] 李世庚（曾任柘林渔队生产队长，1996—2014 年任柘林渔业一公司党

支部书记）、冯惠生（海洋队渔民）等关于海洋捕捞业的口述材料。

［2］林和平、郑老笔、黄振贵、张国森等关于造船业的口述资料。

［3］郑钦泉（饶平县鱼露厂原副厂长）、黄佳泉（现任厂长）等关于鱼露业的口述材料。

［4］李汉池（原柘林风炉社工人）、汤仲宏（现风炉业主）等关于风炉业的口述材料。

［5］2010 年天后宫理事会提供的材料和实地考察所得信息。

［6］2010 年郭志春、罗源泉、郭老应等提供的汉忠义庙材料和实地考察所得信息。

［7］2010 年郭志春、罗源泉、郭老应等提供的关氏大宗祠材料和实地考察所得信息。

《东里志》传抄本（《东里志》校订本）

后记

“千年古港梦隋唐，往日风流耀远洋。海上丝途旺发地，千帆竞渡万国航。”柘林港是由闽入粤海道的“第一关”“第一港”，不仅是粤东历史上最早对外通商和移民海外的口岸，还是维护“海丝”贸易和海上交通安全的重要军港，地方史志乃至正史《隋书》《明史》皆不乏记载，诸多“海丝”遗迹犹存。近年在“广东十大海上丝绸之路文化地理坐标”评选活动中，柘林港在初评时入围30强；终评，粤东的樟林、松口、惠来诸港榜上有名，而柘林港却名落孙山。令人惋惜！思之，或许其时尚无柘林港史专著问世，评选者对柘林港史不甚了解之缘故。留住古港记忆，就留住海港之“魂”。古港中的物质与非物质的文化遗产见证着海港的发展历程，保持和延续着海洋文化，并促进着海港肌体的健康发展。当今地方政府提出建设“苏区大港”的发展目标，人们往往只看到地缘的关系，却不太了解柘林港与赣南、闽西南、粤东北存在的血缘、亲缘、文缘、商缘的历史渊源。只有对港史有较全面、深入的了解，人们才有真切的归宿感与认同感，才能更好地弘扬“海丝精神”和“红头船精神”，融入“一带一路”建设大潮。为此，我萌发了搜集整理柘林港史，为潮州港振兴发展提供历史支撑的想法，得到潮州市社科联的支持，向市委宣传部申报立项，被确定为“2017年潮州市文艺创作重点项目”（潮宣通〔2017〕52号文）。我生于斯，长于斯，且曾在家乡执教23个春秋，耳闻目睹了古港的沧桑变化；后虽在外工作，但时时关注家乡的发展和变化。故乡的海，故乡的港，令人魂牵梦萦，是永远挥之不去的记忆；悠悠乡愁，是恋恋不舍的故土情怀！故明知修撰港史之艰难而勉力为之。历两个寒暑，查阅古籍，访问耆老，实地考察，反复论证，做了大量的调研工作。初稿形成后，又多方征求意见，集思广益，数易其稿，终以本书作为调研成果呈现在读者面前。

敝人才疏学浅，孤陋寡闻，本书错漏之处在所难免，恳望乡贤和专家学者批评赐教。对本书所借鉴的参考文献的编著者，以及提供资料、诗作和图片的朋友们，谨此鸣谢！

本书的编写和出版工作，得到有关部门、专家学者和热心人士的支持与帮助。韩山师范学院原党委书记、院长汤慕忠教授为本书作序，中国佛教协会副秘书长宗家顺先生题写书名，潮州市社科联许利荣、蔡向上等领导同志和本书责编何镇喜先生悉心指导，潮州市图书馆陈贤武先生作了文字校对，丁朝真、孟家宗、张传胜、詹松辉、余家惜、黄宝弟、柯锐、杨静波、陈礼群、郑尾林、李雪华、黄振贵、许育茂、汤隆繁、张子林、黄俊洁、许大弟等同志给予鼓励。在此，向所有关心、支持和帮助本书出版的单位和领导同志、专家学者、朋友们，深表谢忱！

编著者

二○一七年九月二日

夕照海港（肖建生摄）